みんなの「買う」が世界を変える

Fair trade

フェアトレードの時代

顔と暮らしの見えるこれからの国際貿易を目指して

長尾弥生・著

日本生活協同組合連合会

はじめに

ロベルトさんの育てたカカオで作られたチョコレートは、「フェアトレード」

スーパーの特売で山積みになった88円の定番チョコレート。
エクアドルのロベルトさんのカカオで作った300円のチョコレート。
どちらか1つを買うとしたら、どうする？

ロベルトさんの村では自然の恵みをいっぱいに受けた、カカオの木が育てられている。村の人たちが丁寧に育てたカカオで作られたチョコレート。村の人たちが一生懸命働いた分にふさわしい値段で取り引きされたカカオで作られた、このチョコレートは海を越えて日本にやってきた。300円するけれど、そのチョコレートにはロベルトさんたちの努力や思いが詰まっている。そんなことを想像しながら味わうのはなかなか楽しい。

最近、「フェアトレード」という言葉を耳にするようになった。

途上国と言われる国や地域の人たちが作ったモノを、買い手の都合ではなく、その人たちが働いた分に見合った値段で買う。どういうことかと言うと、例えば、1つのチョコレートを作るのに、カカオを育てるロベルトさんが30円分働いたなら、ちゃんと30円払う。「安くしろ」と言って10円しか払わない、なんていうことはしない。ロベルトさんは正直に「話し合いの通り、30円分働きました」と言い、買う人は「分かりました、30円払います」と言って、30円でカカオを買う。このようにお互いを信頼し、尊重し合う売り買いを続けることで、ロベルトさんたちが安心して働けるようになる。生活にゆとりが出来て、「もっと、頑張ろう！」と新しいことにもチャレンジ出来るようになる。そして質の良いカカオが作れるようになる。そんな風にロベルトさんたちのような人を応援しようよ、というアクションが「フェアトレード」だ。

作る人たちが、質の良いカカオ作りに取り組める環境が整えば、買う人が「美味しい！」と満足する商品が出来上がる。そして「美味しいからこういうチョコレートを買いたい」という人が増えれば、ロベルトさんのカカオで作ったチョコレートのようなフェアトレードの商品が、私たちの身近なところでもっと売られるようになる。

ロベルトさんが質の良いカカオを作る努力を続ければ、収入も増えてくる。さらに続ければ収入は安定し、子どもたちが学校へ毎日通えるようになる。栄養のバランスが取れたご飯も毎日食べられるようになる。そして、「ぼくも、お父さんみたいに、美味しいカカオを作りたい」と家族も希望や夢を持てるようになる。皆で楽しく話したり、笑ったりすることも増えてくるはずだ。

作る人が幸せになり、買う人も満足する。お互いのことを考えながら、支え合う国際貿易。売って、買って、といった経済の仕組みに、人と人とのつながりの大切さを加味して、世界中の皆がハッピーになれるように。その輪を目指すのが「フェアトレード」だ。

そんなフェアトレードをこの本では紹介していきたい。作る人の顔と暮らしが感じられる消費が広まって、皆がハッピーになれる国際規模の幸せな社会の実現が出来ればいいなと思う。

みんなの「買う」が世界を変える
フェアトレードの時代

目次

第5章 日本のフェアトレード活動

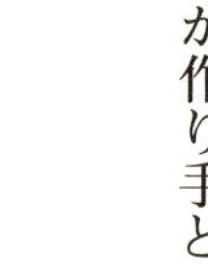

第1章 暮らしは、世界とどうつながっているのか？

こんなに安くて大丈夫？

例えば、東南アジアへ旅行に行って、「安い！」と驚いたことはないだろうか？

日本でランチをすれば1000円札が必要だけれど、現地のレストランなら、同じ1000円札で5回も昼ご飯が食べられる。スーパーに行けば、インスタントラーメンが30円だ。Tシャツも200円くらいだから、まとめて10枚だって平気で買える。安いから、とついつい買ってしまう。

その安さに慣れてくると、不思議なことに、今度はもっと安いモノが欲しくなる。現地滞在3日目ともなれば、「このTシャツで200円は高い。さっきのところは180円だったよ。ちょっとおばちゃん、高いからまけてよ」といった感覚になってくる。Tシャツが200円と聞いて感激したのは、つい一昨日のことだったのに、人間は恐ろしく環境になじむのだ。

ところで「安い」というのは、いいことなのだろうか？

確かにセールの時は、いつもよりたくさんのモノを買うことができる。洋服のバーゲンではいつもより倍以上の服が買える。それだけあれば満足出来るし、必要だから買うのだし、家計は助かるし、いいじゃないかと思う。

でも、最近はセールでもないのに、初めから「安い」ことを売り文句にしている店や商品も増えてきた。服だけではない。食べ物、雑貨、何だって安さを強調すれば消費者が買ってくれる、といった風潮がある。そうなると今度は逆に、「こんなに安かったら、作る人の儲けはあるのだろうか」と心配になってくる。

高いモノはますます高くなり、安いモノは逆にどんどん安くなっている。

お金の流れと経済はどのようになっているのか。不思議に思ったことはないだろうか？

安く売られているのはなぜ？

特価品コーナーで買ったタオル。タグを見ると「中国製」と書かれている。今、中国はものすごい勢いで発展している。首都の北京は、２００８年夏のオリンピックもあり、あちこちでビルやホテルといった大型施設が次々に建っている。外国の企業も「中国は発展するぞ」とにらんで、その勢いに乗り遅れまいと続々と進出をしている。都市はまたたく間に、見違えて豊かになってきた。

しかし、農村はどうだろう。都市がどんどん豊かになっていく一方で取り残された感すらある。これまでなら畑を耕して、採れたモノを食べて、と暮らしていけたけれど、今はそれだけでは生活できなくなってきた。電気代、ガス代、洋服代、ジュース代など生活のためにいろんなモノが必要になってきて、買ったり、払ったりしなければならなくなってきたからだ。畑をやっているだけでは、家族が食べることは出来ても、なかなかお金にならない。お金がなければ生活は楽にならない。だから皆、畑以外でお金がもらえる仕事に就きたいと思う。

13億人という巨大な人口を抱える中国。人口の多くは農村の出身者だ。「畑じゃなくて、給料がもらえるところで働きたい」という彼らを目当てに、モノをたくさん作りたいという人や企業が、国内からも外国からもやってくる。働き手がたくさんいて、しかも都会の人よりも安いお給料で働いてくれる人たちがいるからだ。

彼らは私たちよりもずっと安い賃金で、1日中働き続ける。昼休みがたったの15分とか、夜遅くまで働いても残業代が出なかったりする。休みなく何カ月も働いている人もいる。

なにも中国に限ったことではない。インド、バングラデシュ、ベトナム…商品のタグやパッケージに書かれた国の名前を思い出してほしい。こういった途上国で、私たちに比べてずっと安い賃金で働いている人がいるから、たくさんのモノを安く作ることが出来る。それが世界中で安く売られている。

安いことは悪いことではない。でも「他の国の誰かが少ないお給料で、休みもなく働かされているから安い」ということを知ったら、買う人はどう思うだろう。「作った人がちゃんとお給料をもらって、ちゃんと休めて、普通に働いていてくれたほうがずっといい」そう思うのではないだろうか。

しかし、多くの人たちは厳しい労働条件で働いた人が作った商品という現実を知らないまま、「安くてラッキー」と喜んで買っている。

世界をグルグル巡る、人、モノ、そしてお金

マルコ・ポーロが命をかけて世界を「探検」したのは、今から700年以上も前のこと。

今は世界中を飛行機が飛び回り、海外へ行くのに「探検する」なんて考える人はほとんどい

なくなった。出発前は多少ドキドキしても、「ちょっと出かけてくるね」といった気楽な感覚で飛行機に乗る。そしておそらく3日もあれば、地球の果てに行くことだって出来る。お隣の韓国や中国ならほんの2〜3時間、ヨーロッパなら半日、地球の反対側にある南米だって1日で行ける。マルコ・ポーロの時代よりも、世界はだんぜん近くになった。

毎日、地球の空を飛ぶ飛行機、海を渡る船、陸を横断している鉄道。乗っているのは人だけではない。オージービーフも、Tシャツも、ロベルトさんのカカオで作ったチョコレートも、化学兵器も、ダイヤモンドも、材木も、F1のレースカーも、世界中をあちこち巡っている。インド製のTシャツや、ジンバブエ製のノートや、ハイチ産のコーヒーが日本で手に入るのも、こうして世界がいろんな乗り物でつながっているからだ。

モノが移動するスピードは、日に日に速くなっている。日本から送ったモノが、明日にはベトナムに着き、イギリスに着く。目に見えるモノだけではない。インターネットや携帯電話が普及したおかげで、情報やサービスも一瞬で世界を巡る。世界の国や都市はますます密につながり、いろんな人やモノやサービスが24時間、絶え間なく地球上を動いているのだ。

そうして、世界では国と国の間で様々なモノが行き来し、ものすごい勢いで売り買いが行われている。それを表す「グローバル」という言葉が、違和感なく、いろんなところで使われている。

商品のラベルやタグに「カナディアン・サーモン」とか「メイド・イン・タイ」とか書いてあるのを見たことがあるだろう。それを読めば、「カナダからだな」「タイで作ったんだ」と分かる。でもそういう表記がない商品にも、じつは外国製のモノがたくさんある。

例えば今日の晩ご飯、カレーライス。ライスのお米は日本の秋田からとして、じゃがいもはニュージーランドから、ニンジンは中国から、玉ねぎはアメリカから、ルーをとろりとさせる小麦粉はオーストラリアから、コショウはインドネシアから、黄色い香辛料のターメリックはインドから…。1つのお皿はこんなにも国際色豊かだ。

アメリカでは玉ねぎが大量に作られている。たくさん作られるから安くなる。だから、日本で玉ねぎを作るよりも、アメリカの玉ねぎを輸入したほうが安い。コショウは日本ではあまり生産されていないが、インドネシアではたくさん採れるので、日本はインドネシアのコショウを輸入している。私たちの身近には、こんな風に世界中からやってきたモノが溢れている。

スーパーの野菜売場へ行けば、外国産の野菜がたくさんあって、しかも日本産の野菜より、ずっと安く売られているのを見たことがあるはずだ。世界中がつながっている今、モノをたくさん作っているところ、そして安く売っているところから輸入することが効率よく経済的、ということが世の中の常識になっている。自分たちの国にないモノが手頃な価格で手に入り、逆に自分たちの得意なモノが海を渡って、他の国の人たちの役に立つ。こうしてモノが行き交い、お互いの暮らしが便利になっていくのなら、皆がハッピーになるはず。その考え方は間違ってはいないはずだ。

しかし実際には、私たちが恩恵を受けているそんな国際貿易が、途上国の貧困を生み出す要因の1つになっている、とすれば？

先進国と途上国の経済格差

今、世界は大きく2つに分かれてしまっている。ものすごく簡単に言うと、お金を持っている国＝「先進国」と、お金を持っていない国＝「途上国」だ。地球の北側に先進国が多く、南側に途上国が多いということから、「北」と「南」という言葉も使われている。昔、植民地を作った国と、植民地になってしまった国という関係のあるところも多い。

長い歴史を経て、先進国と途上国では、持っているお金の額に大きな差が生まれてしまった。

国が持っている経済の力を示す指標に「ＧＤＰ」がある。国内総生産の略称で、その年に国内で生産されたモノやサービスの合計金額を表す数字だ。この数字で、国民の生活のレベルを推し量ることが出来るとされている。

例えば２００６年、日本では５００兆円以上、国民１人あたりに直すと約３万４０００米ドルだった。一方、バングラデシュでは国民１人あたり約４３１米ドル（２００５年）だった。単純に計算しても、なんと約80倍も違うのだ。

先進国と途上国で経済力にこれだけの差がある中で、貿易が行われるとどうなるだろう。


例えば、の話だ。

大きな会社が下請けの小さな会社に仕事をお願いする。大きな会社は「ギリギリで悪いけど、明日までに１０００個いつもの部品を作ってくれない？　今度、たくさん注文するから」と言い、小さな下請け会社は、１日に５００個しか作れないのに、明日までに１０００個だなんて…と思いつつも、今度はたくさん注文がもらえるというから、「分かりました。明日までに従業員皆で徹夜して１０００個仕上げます」と無理して受ける。

会社の大きさに違いがあり、扱うお金の額も違うと、立場も違ってくる。弱い立場の人たちは、なかなか「出来ません」と強く言うことが出来ない。仕事があるだけマシだとガマンしてしまう。

先進国と途上国の間では、そういった関係が成り立ってしまうのではないだろうか。そうなると、先進国は「経済援助をするからこうしてくれ」と少し無茶を言い、途上国はお金が欲しいから、他の国がやりたくないこともガマンする、なんていうことが起こりえないだろうか。

働く人の給料は安くてもいいとか、環境が少しくらい破壊されてもいいとか、大きな農園を作るために先祖代々耕してきた小さな畑を潰すとか…。こうした我慢を一番に強いられるのは、先進国と話し合いをして取り決めをする途上国の政治家や企業の経営者たちではない。毎日、地道に働いて暮らしている普通の人たちだ。

本当は家の畑で自分たちの食べ物を育てていたいのに、力のある人から「外国にはピーナッツが売れるので農園にしなさい」と言われる。農園にしてからは、外国向けのピーナッツばかり作るようになり、自分たちの食べるモノが作れなくなる。だから食べ物は市場で買わなければならなくなった。以前よりも大きな農園で雇われて働くようにもなったけれど、仕事はものすごくきつい割にお給料はわずかしかもらえない。自分の農園で作ったピーナッツもどういう訳だかとても安く買い叩かれてしまう。

そんな環境では、家族が食べるモノもまともに買えないし、子どもを学校に行かせることも出来ない。今までも貧しかったけれど1日3回食べることが出来た。でも今はもう、1日に1回食べるのが精一杯だ。食べてないから力は入らない。でも仕事をしないとお金は手に入らない…。


世界で最も大きなジャングルがあるのも、ダイヤモンドが世界で一番多く採れるのも、途上国と言われる国々だ。豊かな森があり川があり、石油、ガス、鉄、ウランなど資源も豊富にある国が多い。

それらの自然や資源もまた、商品というカタチになって先進国で使われている。世界の貿易は、採れる国から使う国へ、売れる国へ、というもの。途上国で安く原料を買い、安いお給料で働いてくれる人たちに加工してもらい、商品のカタチに組み立ててもらって、それを先進国へ持っていき、見栄えよく包装し、消費者の購買欲を刺激するような宣伝をして、大量に売る。そして先進国の人たちは、素敵に仕上がった商品を喜んで買い、使う。そんな仕組みがある。先進国と途上国の経済の格差と力関係。

これでは、途上国にいる立場の弱い人たちの暮らしは、いつまでたっても良くならない。

「フェアトレード」の発想

世界中でいろんなモノやサービスがビジネスというカタチで取り引きされている。

資本主義のビジネスでは、企業はたくさんの利益を生むことが最大の目的だ。１００円で売るモノに対して、原料の値段、働く人の給料、輸送の費用などが70円かかれば儲けは30円しかない。でも、70円かかるところを50円に抑えれば、儲けが50円になる。儲けをなるべく多くする方法を企業は一生懸命考えている。

安く原料が買えたらいい。安く作れたらいい。だから企業は途上国に進出する。ビジネスではごく普通の考え方だ。それに企業が世界中にネットワークを広げているおかげで、世界のあちこちでいろんなモノが作られて、いろんなモノが行き交って、私たちの生活は便利に、そして豊かになっている。でも一方で、企業が利益ばかりを追求し、経済格差のある国の人たちが無理やり働かされたり、今までの普通の暮らしを奪われてしまったり、ということも起きている。

暮らしを良くするために、自由な貿易が行われているはずなのに、むしろ生活が苦しくなっている人たちがいる。一部の人が幸せなのに、幸せではなくなっている人たちがいる。

どこかおかしくはないか？

ここに「フェアトレード」の発想の原点がある。

便利さを追求し、利益を生み出す自由な貿易が発展して、そのために地球のどこかで幸せでなくなっている人がいるのなら、その人たちが参加できる「もう1つ」の貿易のカタチがあってもいいのではないか。世界を取り巻く今の貿易の恩恵を受けられない彼らが、不公平だと感じることのないような「公正＝フェア」な貿易をして、彼らの暮らしを良くすることは出来ないだろうか、という考え方である。

彼らが作っているモノがある。あるいは彼ら自身の労働力がある。それを、先進国は貨幣価値の違う途上国だから安くて当り前というのではなく、同じ地球に住む人が手をかけて作ったモノ、あるいは働いた力という理解をして、それに見合う適正なお金を払って「フェア」に取り引きするべきではないか。


「安くて良いモノ」を求めるのは、消費者の心理であり、権利でもある。でもこれからは、モノの価値を値段ではなく、地球全体の暮らしに置き換える時期にきているのではないだろうか。環境を壊すのはいいことなのか、無理やり働いている人がいるのはいいことなのか。そうしたことに消費者も気づき、考える時期を迎えているのではないか。すでに世界の国々との関わりを抜きにして、私たちの暮らしは成り立たない時代なのだから。

そうすれば、本当に良いモノを企業も考える。そして企業は変わる。企業にとって消費者の意思は何よりも重要だ。私たちの考えや行動が企業を動かし、それが国際貿易にも影響する。そのことを忘れてはいけない。

第2章 1人1人の力が世界を変える

生きていくことで精一杯な人がいる

大事な地球の資源がどんどん無くなっていく。そして、無謀な開発が行われる。それが原因で地球が病気になり始めている。南極の氷が溶け、これまでなかったような大規模な洪水がひんぱんに起こり、雨が降らなくなり、砂漠が広がり、巨大なハリケーンが出現する。こうした天災の被害を受けている地域の多くは、自然が激しく壊され続けている途上国にある。

ぜいたくも出来ず、毎日一生懸命働いて、やっと暮らしている彼らのところに、突然災害が起きる。

急に洪水が押し寄せて畑が駄目になる。食べ物が採れなくなる。干ばつで雨が全然降らない。池も湖も干からびて、飲む水もない。台風で、村にある家がほとんど壊された。貯金はしていない。お金に換えられるモノは何もない。そして、生きていくことが本当に難しくなる。

人が毎日、生きていくことだけで精一杯になると、いろんな争いが起きる。食べ物の取り合い、家の奪い合い、ケンカ、差別、ドロボウ、村同士の争い、民族同士の争い、違う宗教の人たちの間に起こる争い、国境を巡る戦争。そしてテロ。

悲しいことに、世界の各地では様々な戦争が起きている。そして戦争を望まない人や子どもたちが巻き添えになる。ある人は殺され、家族を亡くし、住む家を壊され、土地を追われる。仕事も失う。頑張って働きたい、頑張って勉強したい、と思っても、どうすることも出来ない。その日を生き抜くことしか考えられなくなってしまう。

1度、暮らしの基盤を失うと、なかなか元に戻れない。

それが途上国に暮らす、最も立場の弱い人たちの現実だ。

途上国の現場で気づいたこと

国連が掲げる「ミレニアム開発目標」では2015年までに貧困を今の半分に減らすといった目標が定められ、途上国の貧困を無くそうという動きは世界規模で活発になってきた。この目標に向かって、各国はもちろんのこと様々な国際機関やNGO、市民団体などが、何とかして今の大変な状況をよくしようと頑張っている。せめて貧困の現実を知ろうではないかと、世界で「ほっとけない世界の貧しさキャンペーン」といったムーブメントも起きた。企業も地域や環境に対して責任を持つべきだというCSRの考え方が当り前になってきて、社会貢献活動にいっそう力を入れ始めている。

途上国の現場では、多くの支援団体が活動をしている。井戸を掘ったり、道路を作ったり、農業の指導をしたり、学校を建てたりと、人々からの寄付がいろんなカタチで活用され、途上国の人たちの暮らしがよくなるように支援の努力が重ねられてきた。そうした経験を経て、支援の現場にいる人たちが気づいたことがある。それは、「そこに暮らす人たちが自分たちの力で立ち上がることこそが、問題を解決する力になる」というものだ。

例えば、支援によって村に井戸が出来たら、今度はその村に暮らす人たちが「皆がいつでもきれいな水を飲めるように、どうやって井戸を管理しようか」と考え、農業を教わったら「これを周りに広めて皆で育てよう」と応用する。自分たちの暮らしがよくなるように考えて、行動に移すということ。そうしなければ、井戸は使いっぱなしのまま汚くなり、教わったはずの苗の育て方も忘れられるだけだ。

貧困にある人たちが今の困難な状況から抜け出し、より良い生活を送ろうとするなら、自らが立ち上がらなければ、その実現は難しい。

●ミレニアム開発目標（Millennium Development Goals：MDGs）

２０００年9月ニューヨークで開催された国連ミレニアム・サミットに参加した１４７の国家元首を含む１８９の加盟国代表が、21世紀の国際社会の目標として国連ミレニアム宣言を採択。この宣言は、平和と安全、開発と貧困、環境、人権とグッドガバナンス（良い統治）、アフリカの特別なニーズなどを課題として掲げ、21世紀の国連の役割に関する明確な方向性を提示した。そして、この国連ミレニアム宣言と１９９０年代に開催された主要な国際会議やサミットで採択された国際開発目標を統合し、１つの共通の枠組みとしてまとめられたものがミレニアム開発目標。２０１５年までに達成すべき8つの目標を掲げている。

●ミレニアム開発目標について
http://www.mofa.go.jp/mofaj/gaiko/oda/doukou/mdgs.html
（外務省ホームページより）

自立する力、そして継続する力

国際貿易の不均衡に対する「もう1つ」の貿易として始まったフェアトレードには、そうした人たちの「自ら立ち上がろうとする力」をサポートするという大きな目的がある。

日々食べるのがやっとという人、自分の村から一歩も出たことがないという人は世界に大勢いる。自分の国や世界で何が起こっているかを知ることが出来ず、自分たちの暮らしがどうして苦しいのかが分からず、生活を良くするために何をすべきかを知らない。あるいは、立場の強い人から長い間、圧力を受けてきて「自分で考えて行動する」ことをあきらめている。

そんな彼らが今の世の中でもっと生き生きと、前向きに暮らせるようになったら。経済力がモノをいう今の社会で堂々と生きられたら。そのためには何が出来るか。

各国からの援助が集まるネパールの女性が「援助ではなく仕事が欲しい」と訴えたように、それは働いて、世の中で常識と言われる報酬を得ることではないだろうか。寄付や援助ではなく、自分の手で収入を得て、暮らしが成立するようになれば、その先につながる力がきっと生まれる。

私たちは、彼らが仕事をする機会を作り、仕事が続けられるようにサポートをする。そして彼らも自分たちの力で生きていくために、これまでの生活から一歩踏み出して、チャレンジをする。身の回りにある素材と技術を使ってモノを作るのだ。そして生産者となって、消費者である私たちと対等に取り引きを始める。彼らが作ったモノを、私たちは買い叩きではなくて適正な価格で買う。それを売り、収益で再び彼らにモノ作りを依頼する。そうしたカタチを続ければ、人々の暮らしはいずれ安定していくのではないか。

「TRADE NOT AID」必要なのは援助ではなく、フェアな貿易を！　その言葉はフェアトレードを表す一文としてよく知られている。

フェアトレードのこうした仕組みは、途上国で様々な状況にいる人たちの生活の向上につながる。先進国と途上国といった国同士の力関係から生まれた経済格差に苦しむ人たちばかりでなく、取り引きの場がある都会や町から遠く離れた地域に暮らす人たち、民族や性別、外見や病気で差別を受けてしまう人たち、都会の貧困層で暮らす人たち、戦争で生活の基盤を失った人たちなどにも有効だ。

そしてフェアトレードは、そんな経済的に苦しい人たちが収入を得ることだけがメリットではない。仕事が出来る喜びや仕事を通じて得た自信は、多くの人にとって以前には感じえなかったこと。そうした自信こそ、自立への大きな一歩となるに違いない。

フェアトレードを生み出す力

地球に住む全ての人が笑顔で暮らせるグローバルなつながりを築くこと。それがフェアトレードの最終的な目標ではないかと思う。

世界を取り巻く貿易によって広がった先進国と途上国の経済格差。その差がたとえ早急に、ダイナミックに縮まらなくても、世界の人たちがそれぞれに誇りを持って仕事をし、お互いにそのクオリティを讃え合うような関係があちこちで生まれれば、世界は変わっていくのではないか。

そうしたフェアトレードの考え方は理想的だと思えるかもしれない。

現実を見れば、フェアトレードの背景には様々な大きな問題が横たわっている。植民地政策や戦争などの歴史に端を発するあつれきや格差、国家間が決めた政治的な取り決め、アンバランスな貿易のルール、グローバル企業の独占、民族の問題、宗教の問題、階級制度、慣習の存在…。考えるほどに、そうした現実とどう折り合っていけばいいのかと頭を抱えたくなる。

しかし今、途上国の現場では、フェアトレードの取り組みが着々と進んでいる。大きな問題を議論している時間がもったいないと考える、志を持つ人たちが現地に滞在し、そこに暮らす人たちと話し合い、計画を立て、素材を探し、技術を指導し、品質を確認しながら、共に一歩一歩地固めをしている。

その道のりは果てしない。「貧しいのは仕方がない」「自分たちには力が無い」とあきらめていた人たちを前に、今の世界で誇りを持って生きていくためには、仕事で収入を得て自立することが大切だ、と伝えることから始まる。

スムースにことが運ぶほうがまれだろう。信頼を得るのには数年がかかる。お互いを尊重するようになり、「これから一緒に頑張ろう」という気持ちが芽生えても、慣習や考え方の違いはどこかに立ちはだかってくる。それを1つ1つ解決し、少しずつ前進する。そして通常以上に時間と手間をかけて、ようやくモノ作りがスタートする。

何も無いところからモノを作る。それだけでも労力はいるのに、様々なハードルをクリアしなくてはならないフェアトレードはなおさらだ。現場でモノ作りを指導しながらフェアトレードを進めている人たちは、生産者の技量と消費者の要求の間で板ばさみになる。日本の場合ならサイズが1cm違うだけでも消費者には受け入れられない。チョコレートを素手で触ってしまったら食品衛生上取り扱えない。そして生産者が一生懸命作った商品でも完璧であることは難しい。手仕事は画一的な大量生産でないからこそ味わいがある。でも一方で、画一的でないからこそのリスクがあるからだ。

今後、フェアトレードの可能性は広がり、日本のあちこちでフェアトレード商品が並ぶようになる日も遠くないだろう。フェアトレードの普及と同時に、起こりえるリスクをどう回避するべきか。品質の維持や安全性など、消費者への責任を意識した商品開発もこれからの課題に違いない。

●『シャプラニールのフェアトレード』
（シャプラニール＝市民による海外協力の会）

フェアトレードの生産者たち　～バングラデシュの女性たち～

地道な取り組みが求められるフェアトレード。その取り組みの1つに、バングラデシュの伝統刺繍「ノクシカタ」を活かしたフェアトレード商品がある。その活動に参加している生産者たちの暮らしを覗いてみよう。人々の意識や暮らしにはどのように変化があったのだろうか。

バングラデシュは1971年、独立戦争を経てパキスタンから独立した。ベンガル人の国が誕生したものの、現実は、激しい戦争で国中が荒れ、洪水などの自然災害も重なって、人々の生活はかなり厳しい状態にあった。

農村部では、多くの女性が一家の大黒柱である夫や息子を独立戦争で失い、家を失い、子どもを抱えながら食べることもままならない暮らしを送っていた。バングラデシュは女性の立場が弱く、女性が外に出ることさえも好ましく思われないという社会だ。残された妻の多くは働くこともできず、物乞いをして何とか食べ物を手にすることが出来る、最も貧しい暮らしを送らざるをえなかった。

国内外のNGOが緊急支援を始める。彼らが何とか最低限の暮らしが出来るようにと、水や食料や衣料品などの物資を送った。ところが実際の物資は、彼らの手に届く前にどこかに消えてしまった。一部の富裕層たちの手に渡り、本当に物資を必要とする人たちのところには届かなかったのだ。

厳しい暮らしを強いられている農村の女性たちが自分たちで暮らす力を持てるように、と1974年からある取り組みが始まった。バングラデシュでいつでも安く手に入るジュート（黄麻）の素材を使い、生活用品を作って販売することで収入を得るという「手工芸品生産活動」だ。すでにある素材と地域に受け継がれてきた技術を使うことで、自宅でも簡単に取り組めることから、女性が外に出ることが好ましく思われない農村でもスムースに受け入れられた。

１９８０年代になると、手工芸品にはバングラデシュの伝統刺繍である「ノクシカタ」の技術が取り入れられた。ノクシカタとは刺し子や刺繍の模様をほどこした布のことで、もともとは着古されたサリー（伝統的な女性の衣装）やルンギ（男性の腰布）を再利用するために、数枚重ねて全面平縫いをほどこし、自宅用の肌掛けなどに使われていた。そうしたノクシカタをほどこした手工芸品は、今ではジュート製品と並ぶ主力製品になっている。

海外協力ＮＧＯのシャプラニールは、これらの手工芸品を輸入して、日本で販売している。売り上げはシャプラニールを通じて、バングラデシュとネパールで手工芸品を生産するパートナー団体に支払われ、そこから作り手に賃金として渡される仕組みだ。

●ノクシカタのタペストリー（ランチョンマット大）を1枚作ると、どんなことが出来るのだろうか。

・4～5 kgのお米を買うことが出来る
バングラデシュの主食はお米。カレーを少量、山ほどのご飯というスタイル。
・子どもの学校の期末試験費用と文具を買うことが出来る
ＮＧＯなどの支援で学校に入ることは出来ても、通い続けるのは大変だ。手工芸品の仕事を始めた母親たちは教育の重要性を認識するようになったが、試験費用、本代、文具代の負担は大きい。

・1週間分のローンの返済
農村部には銀行の融資制度がなく、高利貸しに頼るのが一般的。土地、家、家畜を購入する時に借金をし、その後、高い利子の支払いが家計を圧迫する。
・そして、自信

● 作り手の女性たちは、仕事を始めてからどんな変化があったのだろうか。

・パルルさん　30歳くらい、14歳の息子と母の3人暮らし
「夫がずっと病気で、収入が無かったので、この仕事を始めました。そのころは1日に1回食事することも出来ない日がありました。でも今は、3度のご飯を食べられるようになったし、魚や肉も時々食べられるようになりました。夫は3年前に亡くなったけれど、ノクシカタの仕事を11年続けてきたおかげで、土地も、家も、家具も、全部買うことが出来ました。再婚して夫に頼ろうなんて思いません。ノクシカタがあるから」
・アジロンさん　30歳くらい、農業をする夫、14歳の息子、11歳の娘の4人家族
「学校に行けなかったので字が書けなかったけれど、刺繍の仲間から教わって名前は書けるようになりました」
・ジャフラさん　27歳くらい、農業をする夫、6歳の息子の3人家族
「皆と話をしたり悩み事を相談出来る。仕事が無かったら病気になってしまうわ」

●ノクシカタの刺繍をしているカレダさんの１日

05:20　起床
06:00　食器洗い。灰が洗剤代わり
06:30　朝食の買い物。女性は市場で買い物することが出来ないため、物売りが家にやって来る①
06:40　朝食の準備②
07:00　朝食③
07:30　水浴び
08:00　家から歩いて１分の場所にある手工芸品生産センターに出勤④。80人ほどの仲間が集まり、ノクシカタの仕事をする⑤
13:00　昼食前の牛の餌やり⑥
13:15　掃除
13:30　朝、作っておいた昼食を子どもたちと食べる
14:00　再びセンターへ。週に一度はミーティングの日。ミーティングでは字を書くことや、健康を維持するための知恵を学ぶ⑦
15:00　再びセンターで仕事
17:00　帰宅。牛に餌をやる
17:30　お祈り
17:45　夕食の準備。子どもたちの水浴びを手伝う⑧
20:00　夫の帰りを待って、家族皆で夕食
21:00　子どもたちを寝かす
22:00　就寝

（シャプラニールのフェアトレードより）

①

②

③

④

⑤

⑥

⑦

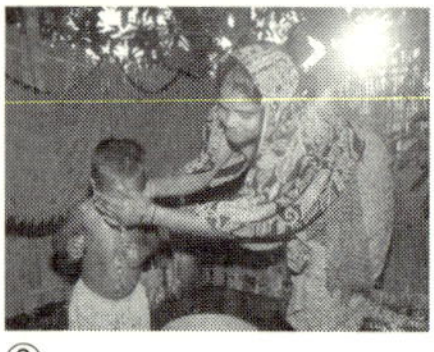
⑧

第3章 フェアトレードQ＆A

フェアトレードって何だ？

世界を取り巻く今の貿易とは違う、もう1つの貿易のカタチ。安く、安く、と利益を求めて地球上を東奔西走するのではなく、モノを作る生産者と、それを買う消費者が商品を通じてつながり合う貿易。物質的な価値よりも、商品の背景にある人や土地や文化の価値を大切にする貿易。そうした「フェアトレード」は、途上国の立場の弱い人たちが仕事に就く機会を生む。そして、その仕事を通じて収入だけでなく自信や自立の力を身につけていくことが出来る。

「フェアトレード」、様々な意味や行動が含まれた言葉だ。初めて聞く人や関心を持ち始めたばかりの人にとっては、なかなか分かりづらいところもあるだろう。実は、フェアトレードに携わっている人たちでさえ、その言葉が示す意味に迷うことがあると言う。

そこで、フェアトレードに関する素朴な疑問を、フェアトレードの現場に身を置き、研究を重ねているフェアトレード・リソースセンター代表の北澤肯さんに聞いてみた。よく使われる用語の解説も合せて、ぜひ参考にしていただきたい。

Q1 フェアトレードの示す「貿易」って何のこと？

A 個人と個人、会社と会社のレベルだと「売り買い」とか「取り引き」というものが、国レベルになると「貿易」と呼ばれるようになるのだと思います。貿易をすることによって、お互いの国が発展する。つまり今風に言うと「ＷＩＮ＝ＷＩＮ」の関係を作るための経済活動が本来の「貿易」です。

ＷＩＮ＝ＷＩＮ……お互いが成功者になる、一緒にプラスになるということ。協力し、力を合せれば誰でも成功者になる可能性があるということ。

Q2 その「貿易」が「フェア」じゃないと聞いたのだけど？

A 今の貿易体制は、先進国が圧倒的に優位です。先進国と途上国では経済力が異なり、それが実際の貿易やＷＴＯなどの貿易ルール作りの場での発言力にも影響しているためです。本当は世界の全ての国が、同じような経済力、同じようなレベルで市場や情報、資金にアクセス出来れば、貿易は公平になり、利益もフェアに分配出来るはず。でも、貿易をやろうとする国同士の間で、最初の段階からすでに格差がある、というのが「フェア」でないと言われる所です。ＷＴＯでは、先進国が援助と引き換えに自分たちに有利な貿易ルールを決めるといったこともあったりするのですよ。

ＷＴＯ（世界貿易機関）……モノ、サービスなどの貿易のルールを決め、貿易に関する国際紛争を解決するための国際機関。日本を含め、１５１の国と地域が加盟（２００７年10月現在）。

アクセス……目的に到達するための手段。市場アクセスは市場に参加する手段があること、情報アクセスは情報を得る手段があるということ。

Q3 どうやって「フェア」にするの？

A

コーヒーの生産者のようにすでに貿易に参加していて、そこから搾取されている人たちへは、よりフェアに貿易に参加出来るような条件を整えます。生産コストや将来へ投資する分をカバーするだけの最低価格を支払ったり、市場の情報や資金へアクセス出来るようにしたり、長期的な生産計画が立てられるように長期取り引きを保証したりすることです。

また、途上国の弱い立場の人たちが貿易へアクセス出来るようにすることもあります。主に、貿易という大きな商流に組み込まれない小さな生産者たち、貿易の拠点となる都市部から離れた場所に暮らしている人たち、立場の弱い女性たちや少数民族、障害者などです。まずは、彼らのエンパワーメントだと思います。生産活動を通じて彼らに現金収入が出来る道を作ります。そのために情報や技術や教育が必要です。その全てが彼らの経済的、社会的自立につながります。特に、途上国では女性の権利や地位が低いことが多くありますが、女性が現金収入を得ることで女性の地位や発言力の向上が見られたり、家計を預かる母親が現金収入を得ることで子どもたちの栄養状態が直接的に向上したり、就学率が上がったりといったことも見られます。

このように途上国の人たちのエンパワーメントを実現し、より公平で持続可能な社会を作ることがフェアトレードの本質です。それが、市場に「フェア」に参加するきっかけになるとも考えています。

エンパワーメント……人はもともと可能性を持っている。その可能性をお互いのやり取りの中で引き出し、伸ばすこと。具体的には、権利や知識、技術を向上させること。
持続可能な社会……サステイナブルな社会とも言う。一時的な利益や便利さだけを求めるのではなく、家族や地域の連携、環境や次世代への配慮を重視した社会のこと。

Q4 フェアトレードが日本にもあったと聞いたけれど？

A 日本には昔、「三方よし」という考え方がありました。近江（現在の滋賀県）の商人たちの商道徳で、「売り手よし、買い手よし、世間よし」というものです。「世間」とは環境や社会を指していると考えられます。今で言う、ＣＳＲのトリプルボトムラインですね。

ＣＳＲ……企業の社会的責任。企業を取り巻く全ての人、相手、地域に配慮し、これらの社会に対する責任を負うことで企業自身が持続的な発展を目指すという考え。
トリプルボトムライン……経済的側面だけでなく、社会的、環境的側面も考慮した経営。

Q5 フェアトレードを広げるためには、どうする？

A 先進国側の私たちに出来ることはアドボカシーです。アドボカシーといっても、難しいことではありません。日頃からフェアトレード商品を購入したり、ブログで書いてみたり、お祭りやイベントで小さなブースを出してフェアトレード商品を売ってみたり、学校や会社の売店、食堂にフェアトレードのコーヒーなどを入れてもらうように頼んだりするのもいいですね。そうやって貧困や貿易の問題を知らない多くの人たちに、世界の現状を知らせ、フェアトレードの意義を伝えることが大事です。フェアトレードは反対運動ではなく、賛成運動です。

アドボカシー……提言・啓発活動。社会問題に対処するために政府や自治体などに影響をもたらし、政策や考え方に変化を促すことを目的とする活動。

Q6 フェアトレードの商品は高いと聞くけれど？

A

フェアトレード商品にはコーヒーやチョコレートといった食品と、手工芸品、衣類などがあります。特に農産物は天候が大きく左右し、また生き物なので、生産を調整することが出来ないため、国や業界のサポートがないまま生産するには大変なリスクがあります。

天災、異常気象、価格の暴落といったリスクを背負った農産物に対して、フェアトレードでは私たち消費者や企業がリスクを生産者と分かち合う仕組みになっています。それが価格に反映されているために、通常の製品よりもちょっとだけ高くなっているのです。

例えば、フェアトレードのコーヒーなど、それを購入する消費者が少なければ、消費者1人1人の負担は多い。でも消費者が増えれば、規模の経済が働いて、自ずと価格は安くなります。スケールメリットというやつですね。価格の負担が少なくなるという意味でも、フェアトレードが広まり、多くの人が買うようになることが求められています。

リスク……危険性や被害など望ましくないことが発生する頻度と、発生した場合の被害の大きさ。

Q7 フェアトレードってビジネス？国際協力？それとも消費者運動？

A

フェアトレードにどう関わるかによって、異なるでしょう。起業家ならフェアトレードをビジネスモデルとして捉え、企業で働いていればCSRと考えるでしょう。開発援助に関わっている人にとっては住民たちが自立するための国際協力であり、消費者であればお買い物です。消費の意識を変えていこうと考えている人にとっては消費者運動ということになるでしょう。

Q8 フェアトレードはどうなったら達成なの？

A 欧米では、フェアトレード団体は自らを「カタリスト（触媒）」だと言っています。つまり、自分たちのビジネスモデルが通用することを証明して、大企業がそれにならうようになれば、もう自分たちの役割は終わりだと考えているのです。そうなったら、それはそれで素晴らしいですね。

イギリスのデイチョコレートカンパニーというフェアトレードのチョコレートを製造している会社では、株式の3割を生産者組合が持っています。ガーナの生産者たちは、イギリスのチョコレート会社に対して声を出す立場にあり、経営の一端を担っているのです。

今の市場は消費する側が生産する側に影響を与える構図になっています。でもフェアトレードが当り前になれば、デイチョコレートカンパニーのように、生産する側から消費する側に向かって行動を起こすことも出来るようになります。いろいろなやり方で、両方の流れが出来るようになれば、フェアでない貿易が無くなるかもしれません。ただこれは、貿易や取り引きの問題だけではありません。政治や人権、教育、意識などの問題でもありますね。

Q9 フェアトレードの魅力は？

A フェアトレードの魅力は、日々の買い物という小さなアクションから、直接的にそれを作っている途上国の生産者を支援出来るし、またその購入により、お店や企業、そして政治家や社会とつながることで、もっともっと大きな変化を促すことが出来ることです。

フェアトレードは、私たちの買うモノの背後にある人や社会を考えるということです。私たち消費者には買うという行為に対する責任と義務があります。そういった考えが日本でも広まっていけば、フェアトレードもごく普通に私たちの暮らしに浸透していくと思っています。しかも、美味しいコーヒーやかっこいいデザインのTシャツを買うことで、そんな「正しい」ことが出来るんだから、素敵ですよね。

大学卒業後、米国へ留学。HIVデイケアセンターなどでボランティアを経験し、ソーシャルワークに興味を持つ。帰国後、社会と英語の教員免許を取得。2000年よりカンボジアへNPOスタッフとして赴任し、保健プロジェクトに関わる。帰国後、フェアトレードの国際認証機関に勤務。2005年12月に退職し、2006年フェアトレード・リソースセンターを開設。同年、有限責任会社グリーンソースを設立し、自転車を使ったエコな広告媒体「アド＊バイク」事業を開始。児童労働ネットワーク運営委員、アースデー自転車ライド実行委員会メンバー、三宅島エコ・ライド実行委員会代表、HIVと人権・情報センター事務局員も兼務。

北澤　肯《コウ》さん

フェアトレード・リソースセンター代表

第4章 フェアトレードへの取り組み

フェアトレードの歴史

始まりについては諸説あるが、第二次世界大戦後、アメリカでキリスト教系NGOが途上国の手工芸品を販売したのが、最初の取り組みだったようだ。当時は、チャリティ的な要素が大きく、貧困に苦しむ人たちを救うために、彼らが作った手工芸品を買って自国に持ち帰り、チャリティショップやエスニックショップで小規模に販売するというものだった。

現在のフェアトレードの活動は、1960年代のヨーロッパで芽生える。イギリスのNGOオックスファムが、途上国の生産者組合や村の発展を支援するという目的で手工芸品を輸入し、国内のオックスファム・ショップやカタログを通じて広く販売したのだ。世界を取り巻く自由な貿易に対してこのように、途上国の人々の生活向上を目指す「もう1つの＝オルタナティブ」貿易が各国で生まれ、途上国の人たちが作った手工芸品を販売する「世界ショップ」がオランダをはじめ各地で誕生する。

1970年代、イギリスのトレードクラフトやドイツのゲパといったヨーロッパを代表するフェアトレード団体が生まれると、フェアトレードの手工芸品市場は成長していった。ところ

●オックスファム（Oxfam）
http://www.oxfam.org/

●トレードクラフト（Traidcraft）
http://www.traidcraft.co.uk/

●ゲパ（Gepa）
http://www.gepa.de/

●IFAT（国際フェアトレード連盟）
http://www.ifat.org/

が1980年代になるとその成長は低迷し、NGOや団体は事業展開を見直すようになる。前後して、砂糖やコーヒーなどの農産品の国際価格が暴落。それをきっかけに、途上国の農業生産者たちを支えるのもフェアトレードの活動だとして、多くのNGOや団体は商品の取り扱いを農産品にも広げた。そして紅茶、コーヒー、ドライフルーツ、ココア、砂糖などが次々とフェアトレード市場に登場することになった。

1990年前後からフェアトレードのラベル運動が起こり、商品に認証ラベルがつけられるようになると、消費者にもフェアトレードが知られるようになっていった。

その後、欧米を中心に生協をはじめ大手スーパーでフェアトレード商品が販売されるようになり、農産品が、手工芸品を上回る取り扱い量となる。グローバル企業も業界に参入し始めた。そして、フェアトレードは世界中に拡大しつつある。企業のCSRが求められているといった時代の背景からも、フェアトレードへの関心は急速に高まっているからだ。

フェアトレードの基準

フェアトレードがグローバルに広がる中、個々のフェアトレード団体をまとめる国際的な組織が必要とされ始めた。国際的なネットワークを作りノウハウを共有することは、フェアトレードの大きな推進力となるからだ。現在、複数の国際的なネットワーク組織が活動をしている。その1つ、国際フェアトレード連盟（IFAT）が掲げるフェアトレードの基準をご紹介しよう。IFATとは、途上国の立場の弱い人々の自立と生活環境の改善を目指す世界中のフェアトレード組織が1989年に結成した国際的なネットワーク。欧米や日本の輸入団体と、アジア、アフリカ、中南米の生産者団体、合せて約70カ国350団体が加盟し、情報を共有しながら公正な貿易の普及を目指している。生産者の労働条件、賃金、児童労働、環境などに関して国際基準を満たしていることが認証された団体は「ＦＴＯマーク」を取得することが出来る。このＩＦＡＴの掲げる基準をフェアトレードの基準として捉えている団体も多い。

ＩＦＡＴの考えるフェアトレードとは？

フェアトレードとは、貧困のない公正な社会を作るための、対話と透明性、お互いの敬意に基づいた貿易のパートナーシップ。アジア、アフリカ、中南米などの農村地域や都市のスラムなどに暮らす人々に仕事の機会を提供することで、貧しい人々が自らの力で暮らしを向上させることを支援する。小規模農家や手工芸職人に継続的な仕事を作り、農薬や化学肥料に頼らない自然農法や、生産地で採れる自然素材と伝統技術を活かした生産によって、持続可能な社会を目指す。

ＩＦＡＴのフェアトレードの基準

１　生産者に仕事の機会を提供する。経済的に立場の弱い生産者が収入を得て自立出来るよう支援する。

２　事業の透明性を保つ。生産者、消費者など全ての関係者に対し公正に接し情報を提供する。

３　生産者の資質の向上を目指す。生産者の技術向上や商品の流通を支援。継続的な協力関係を築く。

４　フェアトレードを推進する。

５　活動の広報や啓発を行い、消費者に生産背景の情報を提供する。
６　生産者に公正な対価を支払う。
６　生産者自身が望ましいとする水準の生活を保てる公正な対価を支払う。
７　性別に関わりなく平等な機会を提供する。
７　文化や伝統を尊重しつつ性、宗教、年齢などの差別の無い賃金を支払う。
８　安全で健康的な労働条件を守る。
８　生産地の法律やＩＬＯ（国際労働機関）で定められた条件を守る。
９　子どもの権利を守る。
９　子どもの健全な成長や安全、教育を妨げない。
10　環境に配慮する。
　　可能な限り持続可能な原料を使用し、全ての工程で環境負荷に配慮する。
　　信頼と敬意に基づいた貿易を行う。

フェアトレードの流れ

フェアトレードは「顔の見える貿易」と言われている。生産者と消費者を結ぶ「流通」をすっきりさせ、「誰が」「どこで」「どんな風に」作ったかが分かるようにすることを目指しているからだ。

実際の取り引きは、生産者個人とではなく、生産者たちで構成される「生産者組合」や「生産者グループ」、それらの団体をまとめる「現地ＮＧＯ」との間で行われている場合が多い。組合やグループは、メンバーである生産者たちによって民主的に、あるいはその地域の慣習に従って運営されており、そうしたところが取り引きによってメリットを享受すれば、生産者が暮らす地域全体が良くなる、というフェアトレードの考えがあるからだ。

私たち消費者側では、フェアトレード団体やNGO、企業や個人が窓口となって、途上国の窓口である生産者団体と実際のやり取りをしている。そして、消費者はこうした団体や企業や個人を通してフェアトレード商品を買う、という仕組みだ。

フェアトレード団体が生産者団体に商品を発注し、生産者団体は出来上がった商品をフェアトレード団体に売る。ごく普通の取り引きに見えるが、ここで発生する取り引きの金額には、商品に関わる素材や製作費、その他の経費以外に、生産者団体に貯蓄される額が含まれる。そうした貯金は生産者たちのスキルアップや、地域の向上のために使われる。

具体的には、モノ作りに直結することとして、技術研修や必要な道具、機械の購入など。生産者たち個人の身になることとして、識字教育や保健衛生の講習など。さらに進んだ地域では、作ったモノを運ぶためのトラックを買ったり、生産者が少額の融資を受けられるマイクロクレジットを行ったり、将来を担う子どもたちのために学校を建てたり、病院を建てたり、といったことも行われる。

こうして生産者の暮らす地域が向上し、それが生産者たちの手で維持されるようになることも、フェアトレードの成果なのである。

環境に配慮したフェアトレードのモノ作り

フェアトレードは、生産者の持続可能な暮らしを目指している。「持続可能」とは、遠い将来まで、例えば子どもや孫の代まで、その土地で安心して暮らすことが出来るということだ。

それには自然にならって、土地の恵みを使い、無理やり自然を損ねるようなことをしない、といった姿勢が求められる。大量に生産すれば収入が増えるから、といって農薬や化学肥料を過度に使うことはしない。短期的に収穫や生産量が上がったとしても、その後、土壌や健康にダメージが残るからだ。

フィリピンのマスコバド糖やバングラデシュのジュートのように、その土地の豊富な素材を使って生産を始めることもある。エクアドルのコーヒーのように伝統的な森林農法を見直すこともある。最初のうちは手間やコストがかかったとしても、環境に優しいモノ作りは長く続けることが可能だ。それが生産者たちの持続可能な生活を実現する。子どもたちも孫たちもその土地で暮らし続けることが出来るのだ。

深刻な地球温暖化問題が叫ばれるようになり、消費者は環境に優しいエコ商品への関心を高めている。環境に良いかどうかが、その商品を買うか否かの判断基準となることも増えてきた。そしてフェアトレード商品のコンセプトには、この「環境配慮」が取り入れられている。

暮らしにも身近なテーマである環境問題という入口なら、私たちにとって生活に直結した問題だ。難しい理屈抜きで、「環境に優しい」という観点からフェアトレード商品と接点を持つことも出来る。そうして関心を持ってもらえれば、フェアトレードの輪はもっと広がる。

フェアトレードのラベル

フェアトレードを広めるのに一役買っているのが「ラベル」だ。

そもそもラベルの役割は、たくさんの人に「フェアトレード」という存在を知ってもらうこと、そして「この商品はフェアトレードですよ」と分かってもらうことだ。フェアトレードが

●FTOマーク

●フェアトレード・ラベル

世界的な広がりを見せる中、「これは本当にフェアトレードの商品ですよ」と証明する必要も出てきている。

例えば「ＩＳＯ」や「有機ＪＡＳ」などは聞いたことがあるだろう。そのマークを見ればすぐに「環境に優しい企業だな」とか「有機栽培の食品だな」と分かる。マークにはこのように企業や商品の姿勢を分かりやすく伝えるという働きがある。

ただし、マークを取るのは簡単なことではない。企業が「環境ＩＳＯの認証を取得しています」と宣言するには、その企業の活動がきちんと環境ＩＳＯの規格に合っていることを、ＩＳＯの認証機関に認めてもらわなくてはならない。規格はかなり厳しく設定されており、その審査を通って初めて、企業は「環境ＩＳＯを取得しました！」と言うことが出来る。有機ＪＡＳも、その商品が有機食品だと認める厳しい審査規格にパスしなければ、マークをつけることは出来ない。

このように、厳しい審査を通った証である認証マークによって、世界中の人たちがその企業を信頼し、安心してその商品を買うことが出来るのだ。

フェアトレードのマークにはいくつかあるが、現在、よく知られているものには「フェアトレード・ラベル」（正式名称：国際フェアトレード認証ラベル）や、国際フェアトレード連盟（ＩＦＡＴ）の「ＦＴＯマーク」がある。世界で最も普及しているのが「フェアトレード・ラベル」。ドイツのボンに本部を置く国際フェアトレードラベル機構（ＦＬＯ）が発行しているマークだ。

ＦＬＯの役割は「これがフェアトレードだ」という国際基準を作ること。例えばコーヒーやカカオといった農産品なら、国際相場の変動に左右されないフェアトレード価格を設定した上で、その価格できちんと取り引きが行われているかどうか。農薬をたくさん使ったり、無駄に

●フェアトレード価格とは
生産者に最低価格を保証するフェアトレード価格は生産者の生産コストと生活コストから割り出し、一般市場の価格がどんなに下がっても保証されるべきものとFLOが設定。コーヒーの場合、フェアトレード最低価格では1ポンド（約0.45kg）あたり125USセントを保証。なお、一般市場の価格が125USセントを上回った場合、フェアトレード最低価格も連動して上がる。有機認証のコーヒーの場合には、さらに20USセントが保証されなければいけない。また、FLOではフェアトレード最低価格の他に、製品の取り引き量に応じて「フェアトレード・プレミアム」も設定。生産者が地域の社会発展のために使う奨励金として生産者組合で運用される。本文ではそれら全てを合せて「フェアトレード価格」とした。

伐採をしたりせず環境に優しい農業をしているかどうか。生産者たちが運営する生産者組合では皆が話し合いに参加していろいろなことが民主的に決められているかどうか。無理な労働をさせられていないかどうか。そういった基準を、生産者たちと取り引き業者がきちんと行っているかどうかなどを審査する。そして審査をクリアしたとＦＬＯが認証すれば、製品に「フェアトレード・ラベル」を貼ることが出来るという仕組みだ。

１９９７年にＦＬＯが誕生するまでには、フェアトレードの紆余曲折の歴史があった。１９８８年にオランダで世界初のフェアトレード・ラベル「マックス・ハベラー」が誕生し、その後、ドイツや日本でも「トランスフェア」といったラベルが登場、ヨーロッパだけでも９種のラベルが生まれた。ところがラベルがたくさん出来過ぎて、マークがいろいろあり過ぎて、今度は消費者が混乱してしまったのだ。

そこで各国のラベルを作っている団体が話し合い、協力しようといって設立されたのがＦＬＯだ。さらに、フェアトレードをもっと広く知ってもらうために世界で共通するラベルを作ろうという考えから、２００３年に「国際フェアトレード認証ラベル」が完成したのである。

●ＦＬＯ（Fairtrade Labelling Organizations International）
21カ国のフェアトレード・ラベル組織と、中南米・アフリカ・アジアの３つの生産者ネットワーク団体からなる国際的なネットワーク組織。59カ国で５６９の生産者団体（そこで働く人は１４０万人と言われる）がフェアトレード認証を受け、登録されている。フェアトレードの国際基準を設定し、ＦＬＯに参加する業者や団体に「フェアトレード・ラベル」の使用を許可する。また、その基準が守られていることを定期的に監査する。ＦＬＯは２つの組織からなる。
①ＦＬＯ認証会社（FLO-CERT GmbH）……生産者団体や貿易業者がＦＬＯに参加出来るかどう

かの認証を行う第三者認証機関。フェアトレードの各組織からは独立して運営される。生産者（小規模生産者及び農園労働者）の認証と監査、貿易業者（輸出業者や輸入業者）などの認証と監査を行う。いずれの場合も認証料が発生する。

②ＦＬＯｅｖ……フェアトレードで生産者の支援を行う組織。フェアトレードの国際基準を作る。産品ごとのフェアトレード価格を設定する（現在の産品数は17）。認証料の払えない生産者に対し助成金を与える。

世界で初めてのフェアトレード・ラベル「マックス・ハベラー」

●『フェアトレードの冒険　草の根グローバリズムが世界を変える』（日経ＢＰ社）ニコ・ローツェン＆フランツ・ヴァン・デル・ホフ著

フェアトレードにラベルが必要だと最初に考えたのは、オランダ人の2人だった。世界で初めて誕生したフェアトレード・ラベル「マックス・ハベラー」の創設者だ。どうして彼らはラベルが必要だと考えたのか。『フェアトレードの冒険　草の根グローバリズムが世界を変える』ではこのように書かれている。

創設者の1人ニコ・ローツェンは、メキシコのフェアトレードコーヒー生産者から切実な訴えを聞いた。

「フェアトレードを始めて、皆が頑張ったから、僕たちはたくさんのコーヒーを作れるようになりました。ここで採れたコーヒー豆を全てフェアトレード価格で買ってもらって、あなたたちの国にあるフェアトレードショップで売れたらいいと思います。でも店の数は限られているから、きっと全てを買ってはもらえないでしょう。ですから売れなかった分は普通の取り引きをしなきゃいけないんです。そこでの取り引きは世界相場ですから、ものすごく安い。せっかくフェアトレード価格で蓄えた利益も、すっかり食い潰されてしまうんです。こんなことをしていたら、いくら僕たちがたくさん作っても組合全体の利益はプラスマイナスゼロです。それなら僕たちの作ったコーヒーが全てフェアトレードコーヒーとして取り引きされるようになりたい。そしてなるべく多くの人に買ってもらいたい。例えばスーパーです。大きなスーパーで取り扱ってもらえるようになりたい。フェアトレードコーヒーの市場を広げていきたいんです」

作ったコーヒーが全てフェアトレードコーヒーとして販売出来れば、作った人たちの収入は増えるし安定する。彼らが所属する生産者組合でも利益を蓄えて、道具を買ったり、読み書きを習う教室を開いたり、と皆のためになることが実現出来る。品質を良くしようという考えも生まれる。生産者たちは自分たちの力で生活を向上させることが可能になるはずだ。そして何より、コーヒーを作る人たちが安心してコーヒー作りに打ち込める。

では、スーパーに置いてもらうためにはどうするか。どうやってたくさんの量を売るか。

その時考えついたのが、消費者の意識を引きつける「ラベル」だった。スーパーでラベルのついたコーヒーが並んでいれば目に留まる。ラベルによってフェアトレードという活動が多くの人の知るところとなり、フェアトレードの商品だと認知されるようになる。そうすれば買ってもらえる確率は高まるはずだ。まずは「これがフェアトレードだ」というルールを作り、そのルールを守って生産された商品にだけラベルを使うことを始めよう。

そして1988年、認証ラベルの「マックス・ハベラー」が誕生する。このラベルによってヨーロッパを中心に、多くの人たちがフェアトレードを意識するようになった。

●「マックス・ハベラー」とその商品

フェアトレード・ラベルの進化

フェアトレード・ラベルを巡っては、いろいろな見解がある。

●ＦＬＯ
http://www.fairtrade.net/

●ＦＬＪ
http://www.fairtrade-jp.org/

ラベルがあることにより、フェアトレードが一般の人の目に触れ、活動が広まって良い。どの商品がフェアトレードであるかがすぐに判別出来、購入しやすくなる。そして、商品が売れれば生産者に還元される額も大きくなる、というのがラベルの考え方だ。

一方、ラベルを管理するためのコストや体制が議論の的となっている。経済的に苦しい生産者に認証料を払わせることになるのではないか。認証を受けるには生産者はたくさんの書類を作らなければならないが、字の読めない人が多い場所では大きな負担ではないか。またそれは、先進国に都合のよい基準なのではないか。といった声である。

ラベルはフェアトレード商品を販売する量を増やす手段として誕生した。だから生産者個人が作っているような少量取り引きの場合や、１つ１つが手作りの手工芸品の場合には、ラベルを使えないことも、必要でないこともある。そしてラベルをつけた、たくさんの商品を一度に販売出来るのは、自然と大きな組織になる。

顔の見える貿易とされるフェアトレードでは、生産者と消費者が互いにつながることを目指しているが、大量の取り引きではそれが見失われるのではないか。また、スーパーなどで、フェアトレード商品がたくさん流通するようになれば、消費者とのつながりを大切にしながら地道にコツコツと頑張っている小さな専門店が、打撃を受けてしまわないか。だが、フェアトレードをより多くの人に知ってもらうという大きな目的のためには、ラベルのインパクトはきっと有効だ。

日本で最初にラベルが導入されたのは１９９３年のこと。「トランスフェア」というドイツ発祥のラベルだったが、フェアトレードの市場は今よりもずっと小さく、なかなか広まらなかった。そんな中、２００４年に現在の「フェアトレード・ラベル」が使用され始めると、企業を中心にラベルの扱いが増えてきた。ヨーロッパで急成長しているフェアトレード市場に関心

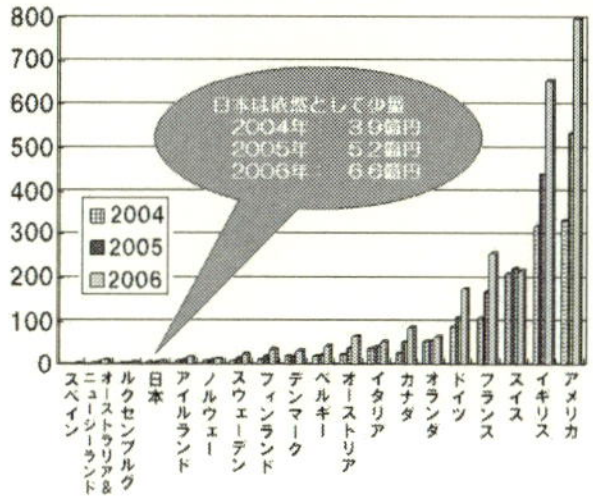

●フェアトレードラベル商品各国の売上高の推移（単位：億円）
2006年 フェアトレードラベル商品 世界総売上 約2600億円
（FLJのデータより）

を持った企業が、ＣＳＲの一環としてフェアトレードに着手し始めたからだ。

日本でこのラベルを管理する「フェアトレード・ラベル・ジャパン」にライセンス料として支払われる額を、商品の価格の１％として計算すると、２００６年の日本のフェアトレード・ラベル商品市場は６億６０００万円。２００４年に３億９０００万円だったことを考えると、この３年で２倍近くになった。しかし、２００６年に世界ではフェアトレード・ラベル商品が２６００億円売れたことを考えると、世界の市場に占める日本の割合はまだ0.2％に過ぎない。

ラベルに関しては、これからも議論されるべきことは多いだろう。しかし消費者に分かりやすくフェアトレード商品をアピール出来るメリットもある。日本のフェアトレードの可能性はまだまだ大きいはず。まずはフェアトレードを知る人を日本で１人でも増やすことが先決だろう。

● ＦＬＪ（フェアトレード・ラベル・ジャパン）

日本でフェアトレード・ラベルを推進するＮＰＯ。ＦＬＯの日本支部として、フェアトレード・ラベルの普及活動や、日本国内で輸入業者や販売者がスムースにフェアトレード・ラベル製品の取り扱いが出来るよう、ＦＬＯとの仲介や生産者とのコーディネートを行う。また、日本国内の販売者とライセンス契約を結び、フェアトレードの国際基準を遵守しているかどうか定期的に監査をして、フェアトレード・ラベルの使用を許可している（販売者は販売量に応じてＦＬＪにライセンス料を支払う）。

第5章 日本のフェアトレード活動

日本のフェアトレードの歴史と市場

日本は欧米に比べてフェアトレードへの取り組みや人々の関心もスローペースだ。1970年代より、NGO「シャプラニール＝市民による海外協力の会」が、バングラデシュの農村に暮らす女性たちの生活支援を目的として、現地の手工芸品を買って日本で販売する活動を始め、それがフェアトレードの先駆けとなった。

1986年には、ヨーロッパのフェアトレードの考えを取り入れた「第3世界ショップ」が誕生。そして、1989年、フィリピン・ネグロス島の飢餓救済を行っていたNGO「日本ネグロス・キャンペーン委員会」が、同島の特産品であるマスコバド糖を輸入するために「オルター・トレード・ジャパン」を設立する。1991年にイギリス人サフィア・ミニーが環境保護と国際協力を柱にNGO「グローバル・ヴィレッジ」を設立、1995年にはフェアトレード部門が株式会社化して「フェアトレードカンパニー」が誕生、後に「ピープル・ツリー」ブランドが登場する。その間1992年に「ネパリ・バザーロ」、1995年に「ぐらするーつ」といった新しい団体が生まれ、日本のフェアトレードの土台を築いていく。また、その頃から消費者の間にも「フェアトレード」という言葉が少しずつ広がり始め、フェアトレードの関連ショップが全国各地でオープンし始めた。

１９９３年、「フェアトレード・ラベル・ジャパン」の前身である「トランスフェア・ジャパン」が設立されたが、フェアトレード認証ラベルに関しては、日本でこれまで活動を続けてきた各団体からの反応は鈍かった。フェアトレード市場への参加意欲を高めている。一方、企業はこの認証ラベルを積極的に取り入れ、フェアトレードコーヒーの販売を開始、翌年には「イオン」が続いた。２００２年に「スターバックス」が日本で初めてフェアトレード・ジャパン」が法人化して「フェアトレード・ラベル・ジャパン」に名称変更してから、認証ラベルを取り扱う企業はさらに増えている。

最近のエコやロハスブームも天然素材やオーガニックをキーワードに「暮らしに優しい雑貨・食品」としてフェアトレード商品の広がりを後押ししている。また、インターネットの普及によって２００６年には「チョコレートを通じてフェアトレードを楽しく広めよう」という「チョコレボ実行委員会」がネット掲示板から立ち上がった。新しいインフラを使った明るく前向きな市民活動は消費者の意識を変え、企業を動かそうとしている。

こうしてフェアトレードが新しい切り口で展開されつつあるが、チョコレボ実行委員会マーケットリサーチチームの調べ（２００７年7月現在）では、日本でのフェアトレードの知名度は2.9％。欧米での高い認知度に比べれば、まだ発展途上と言える。今はまず、フェアトレードをより多くの人に知ってもらうという段階だろう。

この章では、日本でのフェアトレードの取り組みを紹介したい。フェアトレード活動といっても、その捉え方や内容は様々。それぞれの熱い思いをぜひ知ってほしいと思う。

大学生の取り組み①

国立をフェアトレードタウンに！

一橋大学「まちづくり」フェアトレード推進サークル　ラポンテ

きっかけは「ボン・コーヒー」そして「クニタチ・チョコ」？

一橋大学では、大学のある国立の街と学生をつなぐ目的で、2003年から「まちづくり」というオリジナル授業を展開してきました。自分たちがお世話になっている国立をもっと住みやすく、魅力溢れる街にするために、福祉、環境、芸術、交流、国際貢献といったテーマのもとで学生がプロジェクトチームを作り、街作りに詳しいスタッフからアドバイスを受けながら活動する、という実践型の授業です。

ラポンテは国際貢献というテーマの中で、「国立をフェアトレードタウンに！」を合言葉に、2005年に発足。フェアトレードが何であるかを学内や地域で知ってもらい、フェアトレード商品を買う人を増やして、国立を国際意識の高い街にしようと活動しています。

一橋大学生協でのチャレンジ

一橋大学の生協にフェアトレード商品を導入した先輩たちが卒業してしまい、気がついたらメンテナンスを出来る人がいなくなっていました。何を売ったらいいのか、どこと取り引きしたらいいのかが全く分からず、一旦撤退することに。

自分たちで勉強をして、約半年後、大学生協に改めてフェアトレード商品の扱いをお願いしに行ったのですが、店長は「あなたたちが頑張っても、後輩の人たちがやってくれるかどうか…」と後ろ向き。説得を重ね、期間限定で試しに商品を置かせてもらう了承を得ました。

ちょうどバレンタインの時期。「バレンタイン・フェア」と名づ

２００７年度のラポンテのメンバーは10人。さて、どんな活動をしようか…と考えていた頃、ドイツへのフェアトレードのスタディツアーがあると聞き、参加してみることにしました。ヨーロッパはフェアトレードが進んでいるけれど、どのようにして広まっていったか、どんな風に受け入れられているかを見に行ってみようと思ったのです。実際ドイツでは、各都市が街ぐるみでフェアトレードをやっていることにとても驚きました。面白かったのはお土産コーヒー。ボン市ではボン・コーヒー、ケルン市ではケルン・コーヒーというように街の名前が入ったお土産が売られているのですが、中身がフェアトレードのコーヒーなのです。ご当地モノですから観光客も買っていくし、市長もどこかへ行く時にはこのコーヒーを手土産に持っていくこともあり、そのお土産をきっかけに各地でフェアトレードの輪が広がる、ということでした。

このコーヒーは大きなヒントとなりました。これまではラポンテの使命感から「フェアトレードとは何か？」といったことをイベントなどで説明し、解説してきたのですが、どうも反応が今ひとつ。「難しいなぁ」「ホントは何なの？」といった声もあり、これではなかなか魅力が伝わらないな、と感じていました。ところが、ボン・コーヒーを知ってかけてフェアトレードのフレーバーチョコレートを売ってみると、予想以上の売れ行きで大成功！

以後、大学生協では随時商品を置かせてもらえるようになりましたが、いつも悩むのは他の商品より値段の高いフェアトレード商品をどうやって売るか、ということ。回転率を上げていくことが目下の課題です。

「バレンタイン・フェア」。特設棚を楽しくディスプレイしました。

らは、フェアトレードを理論で攻めるよりも、「たまたま手にしたものがフェアトレードの商品だった」というほうが分かりやすいんじゃないかと思い始めたのです。ラポンテでもご当地コーヒーに挑戦してみようかとも考えましたが、ヨーロッパと比べて日本でコーヒーを常時飲む人はまだ少数派。それなら世代に囚われなくて、皆が親しみやすいチョコレートでなら何かが出来るんじゃないかと考えたのです。

そんな時、同じ「まちづくり」の授業で音楽や芸術を通じた地域交流を目指しているプロジェクトチームMusiaが、国立市の市制40周年を記念して「SO-ZO国立2007」という芸術イベントを企画していることを聞きました。9月中旬から市内のあちこちで大小様々な音楽やアートの催しを行い、「くにたち芸術の秋」を皆で楽しもう、というものです。その話を聞いて、これまでぼんやりしていた方向性が急に開けました。「私たちも40周年に乗っかろうよ。記念のフェアトレードチョコレートを作ってイベントで売ってみようよ!」と。上手くいけばボン・コーヒーのような「クニタチ・チョコ」が誕生するかもしれません。

国立市制40周年記念のフェアトレードチョコレート「街チョコ」誕生！

フェアトレードチョコレートを卸している「スローウォーターカフェ」に巡り合い、そこでエクアドルのチョコレートに出合いました。エクアドルのサリナス村に住み込んで村人たちとチョコレート作りに携わってきたスタッフの方から、過疎だった村がカカオの生産やチョコレート作りによってどんな風に活気づいてきたかを聞いて感動。その話はパッケージのどこかに書いて、ぜひ多くの方に知ってもらいたいと思いました。

市制40周年の記念チョコレートですから、パッケージは特別に市民の方からデザインを公募することにしました。国立のコミュニティ誌で募集すると10数件の応募がありました。どれもユニークなデザインで選考に悩みましたが、最終的には「子どもと一緒に描きました」というお母さんの作品に決定。パッケージの表にはその方のイラストを載せて「後援　国立市」という情報もしっかり入れ、裏側にはフェアトレードの説明や感動チョコレート話を載せて、全て手作りで仕上げました。

国立市政40周年記念の「街チョコ」。
かわいいパッケージが評判でした。

カフェとのコラボ企画も実現

いろんな思いを込めて作った「街チョコ」。「イベントの出店で売るだけじゃもったいないよ。せっかくだからこの秋はフェアトレードの秋にしよう！」。私たちは地域の店と一緒に盛り上がりたいと考えました。さっそく国立市内にある店に行って、「国立市制40周年記念のチョコレートを作ったので置いていただけませんか。このチョコレートを通じて国立の皆さんにフェアトレードを知っていただきたいんです！」と直談判です。すると市内の商店やカフェ、レストランなど13軒が販売に協力してくれることになりました。

カフェに対してはコラボ企画を持ちかけました。街チョコの販売に加え、「SO-ZO国立2007」の開催期間限定でフェアトレードのコーヒーと紅茶をメニューに追加し、店内でフェアトレードの展示をするという内容です。この企画に賛同してくれたのが4軒のカフェでした。

カフェではそれぞれの違った視点からフェアトレードを紹介しました。エクアドルのチョコレートの話をパネルで紹介したり、エチオピアの写真100枚を展示して、現地の文化やコーヒーの生産光景を紹介したり、フェアトレー

ピープル・ツリーから借りたパネルを展示。「May」にて。

ピープル・ツリーの雑貨も販売。「May」にて。

ド団体から借りたパネルを展示しながら雑貨をディスプレイして売ってみたり。どの店でもテーブルごとに「フェアトレードとは？」と説明した小さなボードを置かせてもらいました。こうした小さな取り組みが実を結び、チョコレートは予想以上の売れ行きとなりました。

カフェの方の話では、チョコレートを買っていくお客さまには3通りあったそうです。まずパッケージがかわいいという人、国立や一橋大学に愛着がある人、そしてテーブルの上の「フェアトレードとは？」という説明を読んで興味を持った人。すっかりフェアトレードファンになった店長さんもいました。コラボ企画に協力してくれたカフェ2軒では、嬉しいことに今も引き続きフェアトレードコーヒーを飲むことが出来ます。

500個が完売したフェアトレードチョコレート

結局、イベント最終日にチョコレートは完売。300個の予定が500個も売れました。終わってみれば、直前のドタバタも、初日前夜にファミレスで夜通し200個を包装したのもいい思い出です。何より、500個のチョコレートがフェアトレードの輪を広げたことを嬉しく思います。

「スローウォーターカフェ」から借りたチョコレート作りの説明パネルを展示。「カフェクオーレ」にて。

エチオピアのコーヒー生産地について説明。現地の風景を撮った100枚の写真も展示。「センターフィールドカフェ」にて。

イベントを終え、カフェの方とも「このイベントでフェアトレードを終わらせないようにしよう」と約束しました。ラポンテも「もちろん終わらせたくない」と強く願っています。ただ立ちはだかる壁が1つ。これまで「まちづくり」の授業は、文部科学省から特色ある大学教育支援プログラムに選定されて助成金を受けていたのですが、それが今年度で終了します。これまで無料だったコピーも印刷も紙も、これからは自己負担。今後の活動資金のやりくりが一番の悩みどころです。何とかスポンサーを探して、活動を続けられるように…。今回のイベントで頑張った後輩たちが、「ラポンテを何とか続けよう」と今、熱くなっているところです。

菅沼珠世さん

一橋大学　ラポンテ代表

高校時代、香港に2年間留学。周辺のアジア各地を旅した際、想像以上にギャップを感じ、次第に途上国開発に興味を持つ。フェアトレードの魅力は分かりやすいこと。チョコレート1枚から児童労働の話も出来るし、どんな国で作られているかも伝えることが出来て、多くの人を巻き込める。もっとフェアトレードを広めていきたい。

積　奈津子さん

一橋大学　ラポンテ

親がよく途上国に募金をしていて、国際協力は当り前という環境で育つが、寄付やボランティアの「してあげる」という感覚が気になっていた。大好きなアジア雑貨をきっかけにフェアトレードを知る。一方的ではなくて買う人と作る人が互いを必要としている双方向の関係がいい。たくさんの人にフェアトレードを知ってもらうことが大切だと思う。

●一橋大学「まちづくり」フェアトレード推進サークル「ラポンテ」

大学所在地である東京都国立市のまちづくり事業の一環として、フェアトレードを市内に広めることを目的に活動する一橋大学の学生団体。文部科学省の「特色ある大学教育支援プログラム」に選定された一橋大学「まちづくり授業」に属し、大学生協や市内協力店でフェアトレード商品の販売、イベントの開催などを行っている。

大学生の取り組み②

大学内でフェアトレードを広める
～大学内売店で商品導入に成功～

●フェアトレード学生ネットワーク

きっかけは大学のサークル。
でも「フェアトレードって何？」

フェアトレードの存在を知ったのは、ＮＧＯでインターンをした時のことです。そこではフェアトレードの商品を扱っていました。ところがどれも手作り感いっぱいの民族的な工芸品。不揃いで魅力はありません。それよりも興味があったのは、実際に途上国へ行って何かがしたい、あるいは国内にいながら途上国のために何か出来ないだろうか、ということでした。

フェアトレードに関わるようになったのは近畿大学３年の11月。フェアトレードの研究者として知られる教授の音頭で、私をリーダーにフェアトレードのサークルが立ち上がったのです。教授はフェアトレードに関する講座を２～３担当していた大学の人気者。教授の呼びかけで、サークルにはすぐ学生が集まってきました。

ところが私を含め、集まった20人ほどのメンバーは皆、「フェアトレードって聞いたことあるけどいったい何？」「オレたち何するわけ？」という状態。まずはフェアトレードについて知ることから始めました。NGOのホームページで情報を集め、フェアトレードショップにも行き、本を読みました。そして関係者に話を聞いていくうちに、「フェアトレードは買い物で出来る国際協力」ということが分かってきました。まさに私が目指してきた、国内にいながらにして出来る国際協力だったのです。

フェアトレードを広めよう。大学内の売店に直談判

フェアトレードの知識を深めるために勉強会を行い、同じ目的を持った学生同士で情報交換が出来る「フェアトレード学生ネットワーク（FTSN）」に参加。FTSNのイベントにも参加して活動の輪を広げながら、大学内でフェアトレードを広げる方法を模索していました。FTSNに参加している同じ関西にある龍谷大学や立命館大学では、大学内の売店でフェアトレード商品の設置に成功したと聞

●フェアトレード学生ネットワーク（FTSN）の創設

2003年2月、フェアトレード普及のためには全国横断のネットワークが必要だという考えのもと、関東周辺の大学生が集まったのがきっかけ。アンケート調査の結果、学生のネットワークには、情報収集や発信、イベントの開催が期待されていることが分かる。2004年5月、メールマガジンの発行から「フェアトレード学生ネットワーク」としての活動を開始。

●FTSNの活動

①フェアトレードの普及を目指し各種イベントの実施・参加

自主イベントのほか、多様なイベントからの出店依頼に応じ、フェアトレード商品の販売や啓発活動を行う。

②フェアトレードに関する情報の蓄積・共有・発信

フェアトレードに関する情報の蓄積、メーリングリストな

き、学生が日常的にフェアトレードに接するためには自分たちの大学でも売店で商品を扱ってもらうのがいい、と考えるようになりました。そして売店への導入を目指して情報収集を始めました。

大学内の売店は、現場責任者に品揃えが任されている場合が多く、その人の考え次第でフェアトレード商品の取り扱いの可否が決まるということでした。「フェアトレードは怪しい」「売れるか分からないものは置かない」。そんな反応もあると聞きました。

そこで、ただの学生の思いつきではなく、売店にとってフェアトレード商品を置くことにどんなメリットがあり、どんな意味があるのか、そして私たちがどれほど真剣に取り組んでいるかを伝えよう、と店長に提案する企画書を作りました。近畿大学の売店に適した仕入れ先を選定し、商品のメンテナンスや発注の仕組み、陳列やプレゼンテーション、さらには利益の配分を考え、最後には売店は商品を置く場所の提供と販売だけという条件も盛り込んで。

大学4年になった4月、私は大学内売店の店長に会いに行きました。フェアトレード商品を置いてもらいたいと考えていること、そのための提案をさせてほしいことを伝えると、幸いなことにその店長は学生の取り組みに理解があ

どによる情報の共有、メールマガジン、ホームページ、ブログなどによる情報の発信を行う。

③**勉強会、合宿の実施**
各支部で行われる勉強会のほか、年に1度、全国の学生が集う「全国フェアトレード学生サミット」を開催する。

④**学生のフェアトレード活動に対するサポート**
フェアトレード商品の大学内売店への導入アドバイスやファッションショーへの衣装貸し出しなどを行う。

る方で、すんなりと翌日のアポを受けてくれました。しかもその日のうちに上司に連絡をして、商品を置いていいかどうかの確認を取っていてくれたのです。翌日、私たちが企画書をもとに「フェアトレード商品をぜひ置いてほしい」と提案すると、店長は「いいよ。やってみて」と即座にOK。翌月には、いよいよ売店での販売がスタートすることになりました。

いくら商品が並ぶことになるとはいえ、アピールしなくては売れません。私たちはサークルの発案者である先生の授業で時間をもらい、売店でフェアトレード商品が買えるようになることを伝え、新入生歓迎セミナーではフェアトレードについて説明するといった活動を続けました。成果はあって、販売開始から売り上げも上々。ドライマンゴーが1カ月で50個も売れ、チョコレートも納品が間に合わないほどでした。

フェアトレード商品を売る目的は儲けることではありません。もちろんたくさん売れたらいい。でも大事なのは、商品の販売を通じてフェアトレードという意識が広まることです。そのためには売る側も努力して、商品の魅力やフェアトレードの意味を伝え続けなければいけません。地道な根気のいる活動です。

2006年秋、3日間にわたって開催した「FTSN　第4回サミット」。全国から100人の学生が東京に集結。学生によるネットワークの意義を再確認し、引き続きフェアトレードの普及を目指すことを誓い合った。

買う側にとって「買い物で出来る国際協力」というフェアトレードはハードルが低くてとっつきやすい。でも、どう貢献したかという実感はなかなか伝わりにくいんです。それがフェアトレードの難しいところですが、その意義を伝えていくことが私たちのやるべきこと、と考えています。

社会人仲間でフェアトレード組織を結成！

大学卒業と同時にフェアトレード学生ネットワークも卒業という人がほとんどですが、私は今も続けています。

現在は事務局長として、学生たちの活動やFTSNの実務面をサポートしています。ホームページを立ち上げ、情報発信を始めたのもそうした実務サポートの1つ。他にも高校や大学向けに勉強会を開催して講師をしたり、大学内売店への働きかけについて学生にアドバイスしたり、学生のイベントを企画したり、社会人1年目は仕事どころかフェアトレードのことばかり考えていました（笑）。

気づいたら2年目。転職して多忙になり以前よりもフェアトレードとの接点が減っていました。私自身、商品を何カ月も買っていませんでしたし、以前の仲間も活動から遠ざかるばかり。学生時代にはフェアトレードの仲間を1人

地域の福祉作業所にて

近畿大学内売店のフェアトレードコーナー

ずつ増やしてきたのに、今は自分たちから離れてしまいそうな状態。フェアトレードは生産者と長く取り引きを続けることが大切なのに、自分たちこそ長続き出来ていない。矛盾を感じた私は、関西在住の学生時代の仲間に声をかけて、社会人のフェアトレード組織を結成しました。

話してみれば、皆、働きながら何かやりたいとは思っていたんです。これからはイベントなどでフェアトレード商品を販売して、「フェアトレードとは何か」を消費者に伝えていきたいですね。関西は関東よりフェアトレードが知られておらず、いかに分かりやすく伝えるかが腕の見せどころです。

「フェアトレードとは…」と考え始めるとなかなか難しい。貧困を無くすためだと思われがちですが、フェアトレードが貧困を解決することは出来ない。なぜなら支援の対象である生産者は、生きるか死ぬかの瀬戸際にいる人たちではなく、少なくとも食べることが出来る人たちだからです。彼らが労働に見合った適切な収入を安定して得られるようにサポートすること、それがフェアトレードだと私は考えています。

例えば、生産地ではフェアトレードによって豊かに暮らせるようになった人たちもいます。彼らをサポートし続け

大阪のワン・ワールドフェスティバルに参加

る必要があるのか、と指摘する声もありますが、その人たちはやっと自分たちで人生をどうするかを選択することが出来るようになり、将来の夢が持てるようになったんですね。私たちが普通に「この仕事を続けるか、転職するか」と悩む権利を、彼らはようやく持てるようになった。それだけでもフェアトレードという仕組みの意義があると思うのです。

　私の夢は「誰もがご飯を食べられる世界を築くこと」。フェアトレードはその根本的な解決策にはなりませんが、出来ることはたくさんあるはず。フェアトレードをもっと多くの人が知れば、新しい可能性が広がると信じて、これからも自分に出来ることを続けていきたいと思っています。

小川琢《タカ》弘《ヒロ》さん

フェアトレード学生ネットワーク（FTSN）事務局長

近畿大学農学部卒業。在学中にNGOでインターンを経験、フェアトレードを知る。フェアトレードサークルの代表となり、大学内売店へのフェアトレード商品の導入をはじめフェアトレードの普及に尽力。FTSNにも積極的に参加。卒業後はFTSN事務局長に就任、実務サポート及び後輩指導にあたる。現在はコンサルタント会社勤務。将来、国際協力の場で働くことを目指して、経営力を身につけたいと考えている。

●フェアトレード学生ネットワーク（FTSN）
http://www.ftsnjapan.org/

学生を中心として、フェアトレードを知りたい・広めたいという人たちがお互いにつながり、活動を応援し合うためのネットワーク。途上国の貧困問題や環境問題を乗り越える１つの手段として、また人々がこれらの問題の根本にある社会・経済構造に目を向ける１つのきっかけとして、フェアトレードを支持し、日本におけるフェアトレードの普及を目指す。現在、関東、関西、中国、九州の四つの地域に支部を置き、参加団体は約30団体、メーリングリストへの加盟は約250人。

1974年からフェアトレードに取り組むNGO

●シャプラニール＝市民による海外協力の会

シャプラニールにおける
フェアトレードの始まりと意義

1974年当時のバングラデシュ。現パキスタンからの独立戦争後の混乱で、貧困に苦しむ人々を支援するために、シャプラニールはポイラ村で農村開発プロジェクトを開始しました。その一環として、村の女性たちを対象に始めたのが手工芸品生産活動です。社会的にも経済的にも立場の弱い女性たちの生活向上を目的に、地域の天然素材を使い、伝統技術を応用して手工芸品を作る活動は、まさに今で言うフェアトレード。シャプラニールは日本で最も早くこのフェアトレードに取り組んだNGOの1つです。

村人たちとの話し合いで、バングラデシュの特産品であるジュート（黄麻）製品を作るための「手工芸品生産組合」が作られました。村の女性たちは昔から、自分たちが使うためにジュートを編んで壷やビンを吊るす網などの民具を作っていました。組合ではまず、ジュートを手工芸品として輸出出来るようにするため、技術の向上を目的としたトレーニングを行いました。

１９７4年から、技術指導を受けて彼女たちが作ったジュートの手工芸品を、シャプラニールが日本へ輸入し、販売するようになりました。この活動は、現地の人々の生活向上を支援するといった海外協力の側面だけでなく、製品を通じて日本にバングラデシュの文化を伝え、シャプラニールの活動を広く紹介する役割も担っていました。その後、現地で手工芸品生産活動を行うＮＧＯを通じて商品を輸入するようになり、取り扱う商品の内容や取り扱い団体数も増えていきます。また、バングラデシュでの経験を活かして、１９９7年からネパールでも同様の取り組みが始まりました。２００3年にはこうした活動の質を高めるために指針を策定。「手工芸品（＝クラフト）を通じて、作り手、買い手がつながり（＝リンク）、それぞれが笑顔になれる」という願いを込めて、シャプラニールの取り組みを「クラフトリンク」と呼ぶようになったのです。

シャプラニールは、クラフトリンクが仕事と現金収入の機会をもたらすだけでなく、生産者の可能性を引き出す場でもありたいと考えています。現地で手工芸品生産を行うパートナー団体によって読み書きを勉強したり、技術を習ったり、保健衛生を学んだりする教育の場も提供されています。

クラフトリンクの活動

現在シャプラニールでは、年2回発行しているカタログ『クラフトリンク南風』やインターネット「楽天市場」などでの「通信販売」、お客さま自身がフェアトレード商品を販売出来る「委託販売」、そしてフェアトレードショップなどの店舗への「卸売販売」の3本柱でフェアトレード商品を販売しています。卸売に関しては、クラフトリンクの活動指針を理解して会員になっていただいた小売店のみと取り引きをしています。

クラフトリンクの大きな特徴は委託販売です。フェアトレードは「お買い物を通じて行う一番身近な海外協力」であり、自分で商品を買う場合がほとんどですが、委託販売では自分が販売する側に回ることが出来ます。職場、学園祭、バザー、市民祭りといった地域の集まりの場で商品を販売して、自分からフェアトレードの魅力を周囲の仲間に広げられるのです。初めての人でも気軽に取り組める「委

● 「クラフトリンク」の目指すフェアトレード
～人と人、地球をつなげていきます～

①南アジアの生産者の生活向上を目指した発注をします。
②現地の素材、伝統を活かして手作りされた商品を販売します。
③現地手工芸品団体と対等な関係を築き、商品開発を支援し、継続的な発注をします。
④生産者の暮らし、文化、社会状況を伝え、人と人をつなぎ、共生出来る社会を目指します。

託販売セット」や「学園祭セット」もあり、たとえ売れ残ってもイベント終了後には返品が出来、売れた分だけ支払えばいいという負担の少ない手法は大変好評です。委託販売では在庫を余計に抱えなければならなかったり、返品の整理に手間がかかるといった負担も大きいのですが、多くの方がフェアトレードに関わってその輪を広げていくことのほうがより重要だと考えて、クラフトリンクでは積極的に展開しています。

クラフトリンクの活動の歴史は30年以上ですが、最近はフェアトレードを行う団体の数も増えてきています。今後、フェアトレード商品の種類が増していく中で、クラフトリンクはより質の高いモノ作りを行い、販路を広げることが求められています。多くの人がクラフトリンクの商品を手にし、売り上げが伸びれば、生産団体に継続的な発注が可能となり、生産者は安定した仕事と収入を確保出来るからです。

女性だから、障害があるから、と社会に受け入れられなかった人たちが生産者となり、変わったことがあります。それは自ら収入を得て、自信が持てるようになったこと。自分の手で暮らしていける喜びをそれぞれが噛みしめています。

クラフトリンクの課題とこれから

農村で貧困に直面している人たちの生活を向上させ、収入の機会を提供するというところから、クラフトリンクの活動がスタートしました。ですからクラフトリンクには、生産者を第一に考えるという海外協力の面と、製品を継続的に販売するという事業の面の2つがあります。双方を両立させるのは時に難しく感じます。

シャプラニールは創立時から、実際の現場で現地の人々と顔を会わせながら活動することを基本としてきました。クラフトリンクでも、駐在員がいる地域での活動を基本としています。それは生産者の置かれている社会的状況や文化的背景をきちんと把握出来る環境で活動を行いたいと考えるからです。

ここ2～3年で、フェアトレードに対する関心はずいぶん高まってきました。イベント会場でも「フェアトレードだって！」と立ち寄ってくださる方が増え、その反響を肌で感じます。それでもまだ知らない人のほうが大多数。今後はさらにフェアトレードを広めることが重要だと考えています。

トラカムバック。「バッグ」ではなく「バック」で「トラcome back!」の願いも込められている。

クラフトリンクでも、お客さまの裾野を広げるためにネット通販を始めるなど、新たな取り組みを行っています。2007年夏から発売した「トラカムバック」は、その売り上げの一部が、シャプラニールが活動する南アジアに生息する絶滅種のトラの保護活動に役立てられます。ネパールの女性たちが製作したバッグは阪神タイガースの承認を受けており、フェアトレードをまだ知らない新たな層へのアプローチとしても確かな手応えを感じています。

このようにフェアトレードの輪が少しずつ広がって、いつか地球が笑顔で満たされるように。それがクラフトリンクの目指すところです。

植田貴子さん

シャプラニール＝市民による海外協力の会
クラフトリンク

半導体商社在籍中に、シャプラニールの海外協力入門講座に参加。退職後、シャプラニールで10カ月間のインターンを経て、2003年から現職。現在は、クラフトリンクで現地の手工芸品パートナー団体との窓口を担当。現地の生産者の人々の温もりや声を少しでも届けたいと考えている。

●シャプラニール＝市民による海外協力の会
http://www.shaplaneer.org/

平和で公正かつ多様な地球社会の実現を目指して、1972年に設立されたNGO。バングラデシュ、ネパール、インドを中心とした南アジア地域で、農村や都市に暮らす貧困層を支援し、厳しい生活を強いられている人々の生活上の問題解決に向けた活動を行う。国内では、「日本で出来る身近な海外協力」として「クラフトリンク」というブランド名でバングラデシュとネパールの手工芸品を販売し、女性たちの生活向上を支援するフェアトレード活動を行っている。

●ショールーム「クラフトリンク南風」
〒169-8611
東京都新宿区西早稲田2-3-1　早稲田奉仕園内
TEL／03-3202-7863
営業時間／10:30～17:30　日曜・月曜・祝日・休み

コミュニティトレードが世界各地の問題解決に貢献する

●第3世界ショップ

第3世界ショップがフェアトレードに取り組むまで

「飲むなら途上国のコーヒーを」。そんなスローガンを掲げて、1986年、フェアトレード事業を行う「第3世界ショップ」がスタートしました。

第3世界ショップの母体は、通信社の「プレス・オールターナティブ」。銀行員だった片岡勝が、管理職になる直前に脱サラをして、1985年に仲間と立ち上げた会社です。右を向けと言われれば右を向くことが常識だった企業時代。その生き方への危機感から、自由な個人の立場で新しい視点を世の中に投げかけたいと起業、『プレス・オールターナティブ・ニュース』を創刊して情報発信を始めました。

前後して、片岡は世界へ放浪の旅に出かけます。12月、ノルウェーで見つけた1軒の繁盛店。店に並んでいた女性に、「安いんですか？」と尋ねると、彼女は「クリスマスプレゼントを買いに来たの。それと途上国の人に仕事のプレ

●第3世界ショップの関連事業

〈市民バンク〉

日本各地に「フェアトレードをやりたい！」「社会に貢献出来る事業を始めたい！」と起業精神に溢れた市民がいる。しかし既存の金融機関からは「小さい事業は儲からない」「担保も無い」という理由で融資を受けることが難しいのが現状だ。そこで、趣旨に賛同した信用組合と共に1989年、「市民バンク」を設立。起業家の夢を担保に、社会に役立つ事業に融資を開始。審査基準は「夢作文」という論文と事業計画書。これまでの融資は100件以上で6億円。今までに貸し倒れは1件もない。

〈WWB／ジャパン〉

夢も社会性もあるけれど、事業のノウハウを持っていない人、特に女性の起業を支援するために、世界的ネットワークであるWWB（Women's world banking 女性のための世界銀行）の日本支部を1990年にスタート。全国各地で「女性のための

ゼントをするのよ」と言います。よく聞くと、それが貧しい南の途上国から民芸品や食品を直接適正な価格で輸入し、販売する「フェアトレード」だと分かりました。

その「お買い物」によって、世界の南北問題という一見1人の力ではどうにもならないと思えていた問題の解決につながる、個人個人が思いを持って解決の一端を担うことが出来る、と気づいた片岡は非常に感銘を受けました。

新しいことは情報として発信するだけではなく、カタチにすることで説得力が生まれる。そう考えていた片岡は、フェアトレード事業に取り組むことを決意。翌年、第3世界ショップが誕生しました。最初に扱ったのは、オランダのフェアトレード団体から輸入したアフリカのコーヒーです。フェアトレードという考えに共感してくれたお客さまからの事前予約で売り切れるほどでした。

生産者の顔が見えない既存の貿易。それに対する「オルタナティブ=対案」を目指す

現代の大量生産、大量消費の世の中では、膨大な量のモノが作られています。そのため1つ1つのモノについて「どんな人が作ったのか」といった情報はほとんど分からな

起業セミナー」を行い、女性起業家支援機関の先駆け的存在となる。現在までの受講者は約6000人以上、実際に事業をスタートさせた起業家は1000人にのぼる。起業した先輩が後輩を実践的に教える女性起業家メンター事業なども。

〈若者起業支援〉

百貨店撤退後の自治体の空きビルの再生を目的として、起業の準備段階の人のためのチャレンジショップ、若い小さな事業のためのSOHOスペース貸し出し、事業相談などを企画。第3世界ショップに出入りしていた若者と自治体とのパートナーシップで「LET'Sきさらづ」が設立され、全国のチャレンジショップの先駆けとなる。他に、後継者難の島根県の温泉旅館を後継起業し再生に取り組む「温泉津（ゆのつ）温泉旅館吉田屋」など、若者起業支援を全国各地で展開中。

くなってしまいました。コーヒーで例えれば、生産者や生産地に関して私たちが分かるのは、ブラジル産とかペルー産といった一括りの情報だけ。こうして生産者の顔が見えないと、大量生産、大量消費を前提とした今の世界の流通構造では各商品の表示情報に価値はありません。

また、大量生産に対応した流通には、問屋や商社など多数の仲介が存在します。仲介が入るほど手数料はかかり、その分商品の値段に上乗せしたいけれど、安くなければ売れません。結局、生産者にしわ寄せがくることになります。

そうした貿易のあり方への「対案」として、第3世界ショップはフェアトレードを進めました。生産者と消費者を直接につないでシンプルな流れを作る。そうすることで生産者はきちんとした支払いを受け、次の生産に取り組めるようになります。また、消費者もどんな人がどの地域でどのように作っているか見えるようになります。

スリランカのカレーペーストである「カレーの壺」は第3世界ショップでも人気のアイテムです。これを作っているのは日本在住経験もあるスリランカ人のマリオさん。母国ではカレーで育った彼ですが、日本で初めてカレールウというものを知り、「スリランカにもきっとニーズがある」

とその発想を自分の国に逆輸入しました。スリランカの家庭では、母から娘へと受け継がれているカレーの味があります。女性たちは毎朝市場に行って香辛料を買い、独自の配合でカレーを作る。大変な手間がかかっていました。一方、経済成長率が上昇中のスリランカでは、共働きも増えている。食事の支度にかける手間を短縮して、時間をもっと有意義に使いたいと考える女性は絶対にいるはずだ、とマリオさんは感じていました。

マリオさんはまず、自分で香辛料を配合してスパイスセットを作りました。そして問屋に持って行くのですが、「出来合いのスパイスなんて聞いたことない！」と相手にされません。そこで、地域の公民館を借りてこのスパイスセットを使った料理教室を開いたところ女性たちに大好評、爆発的に売れたのです。マリオさんはその後全国を回り、地道にスパイスセットの存在を広めていきました。

こうして、長時間の台所仕事というスリランカの食卓の問題が１つ解決されました。その後、「カレーの壺」のようなカレーペーストも開発。生産も増え、最初はマリオさんの家族だけだった会社も、従業員２００人を抱えるまでになりました。農村に工場を建て、地域の人や障害者も雇用、敷地内には従業員の寮も作り、生活の面倒も見ます。地域

マリオさんが開発した「カレーの壷」。
本場スリランカの味が簡単に楽しめる。

の農家と提携し、土壌に優しい農法も広めました。

生産者と消費者が近いフェアトレードでは、1つの商品の背景にあるこのような生産者の取り組みを知ることが出来ます。お客さまはそこに共感し、商品を買う。それが南北問題の解決につながるのです。もちろん私たちにとっても、添加物のほとんど入っていない「カレーの壷」は安心して食べられて、スリランカの本格的な味が簡単に楽しめるといったメリットがあります。

スマトラ沖地震でスリランカ東部の海岸が津波の被害を受けた時、マリオさんはまっさきに現場に駆けつけて救援物資を配りました。提携する農家たちもマリオさんを励まし、食料を託します。第3世界ショップでも支援を呼びかけると、お客さまたちからあっという間に寄付が集まりました。国を超えた大きなネットワークが生まれていました。

マリオさんの生活者としての発想から生まれたスリランカのカレーペースト。スリランカの食卓に変化がもたらされ、それによって女性たちは社会に出て働く時間を得られるようになりました。また、スパイスセット作りから始まった事業によって、農村の人たちが仕事に就けるようになり、環境保全への意識が高まり、地域は元気づきました。

第3世界ショップが基本にしてきた、フェアトレードの「精神」

①自立：依存や支配ではなく、自由を尊重しつつ協力出来る関係を大切に。

②協同：買うことだけで解決出来ない問題に、売り上げの一部や寄付、公的助成金などを活用して取り組む。技術、教育、医療、女性などテーマは様々。

③共生：利益の追求を第一の目的とせず、共生の原理に基づいて、生産者と長期的に安定した関係を維持。

マリオさんのこうした挑戦と実績は、南北問題を解決する取り組みとして行ってきた私たちのフェアトレードが、地域の活力にもつながる可能性を示しています。

地域の財とサービスをかけ合わせて新しい価値を生む＝コミュニティトレード

世界各地の生産者と「顔の見える」貿易を続けるうちに、分かってきたことがあります。それは、今まで個々に扱っていた別の地域の財やサービスをかけ合わせたり、お互いの知恵を持ち寄ることで新しい価値の発見につながり、それぞれの地域の問題解決につながる商品やサービスを生む可能性があるということ。その流れを私たちは「コミュニティトレード」と呼んでいます。ここで言う「コミュニティ」には、生活基盤としての地域と、問題解決をするためのネットワーク、といった2つの意味が込められています。

第3世界ショップでは最近、北と南の枠を超えた、東と西や日本の国内もひっくるめたコミュニティトレードが実現しています。

例えば「クラッカンバー」。商品開発のきっかけは、スリランカの香辛料生産者から「香辛料を作っている畑で雑穀

無農薬・無化学肥料で作られた国産の玄米と旬の野菜、雑穀と保存料を使わない調味料でご飯が味わえる。コーヒーや紅茶は海外のオーガニック認証を受けたもの。

●アサンテ サーナ カフェ（Asante Sana Cafe）
〒153-0062
東京都目黒区三田2-7-10-102
TEL／03-3791-2147
営業時間／11:00～20:00　日曜・祝日定休

のクラッカンがたくさん採れるので、何か使い途は無いだろうか」と聞かれたことでした。現地では常食とされているクラッカンを、何とか日本で活用出来ないものか。知恵を出し合った結果、「雑穀バー」というアイデアが出てきました。少子高齢化、女性の社会参加がいっそう進んだ日本で、日本人の暮らしはどうなっていくのか。仕事や趣味に忙しくてゆっくり食事を作っている時間は無いけれど健康や食べ物には気をつけたいという人は増えるはず。お菓子ではなく、クラッカンの食物繊維も豊富で腹持ちがいい性質を活かして、手軽に食べられるようなものが出来ないか。こうしてこれからのライフスタイルを応援する「クラッカンバー」のコンセプトが生まれました。

ここで、いくつかの地域をつなげました。クラッカンはスリランカ、その他の原材料も長年提携してきた生産者から。その加工を今度は日本の地方の元気再生につなげようと考えたのです。結果、大阪市の福祉作業所で仕事が生まれ、稼働率向上が課題だった山口県宇部市の農産物加工所が動き始めました。

スリランカの余剰雑穀も山口の加工所の稼働率も、もともとは地域の問題です。それをその地域だけで解決しようと思うと煮詰まることが多い。でもこうして交差させれば、

コミュニティトレードが生んだ新感覚の雑穀バー「クラッカンバー」。

地域の枠を超えて解決する仕組みが出来る。さらには新しい価値をも生み出すことが出来るのです。

南北問題も環境問題も世界に数多くある大きな問題の1つ。地球規模のとてつもない問題のように感じますが、いずれも私たちの生活に密接に関わっており、私たちは解決の一端を担うことが出来るのです。

まずは生活の場である地域での小さな問題に気づき、それを解決するために行動することが最初の一歩。ローカルな視点を大切にしながら、世界に思いを馳せ、顔の見えるグローバルなネットワークの中で問題解決を考える。そうして地球上のあちこちで地域と地域が結びついていくのが、21世紀の問題解決の方法の1つになるのではないかと考えています。

在ペルー日本国大使館派遣員時代に、貧困などの社会問題に関わり、地域開発事業の必要性を痛感する。通訳・翻訳などを経て、1997年より第3世界ショップにて食品輸入業務、コーヒー農園における品質改良プロジェクトに従事。現在、地球食マネージャー、第3世界ショップ基金理事も兼任。写真と漫画の腕前はプロ級、また南米の音楽事情に詳しく食べることも大好き。最近開発を担当したヒット商品は「クラッカンバー」。コミュニティトレードに大きな可能性を感じている。

第3世界ショップ
事務局長

竹広隆一さん

●第3世界ショップ
http://www.p-alt.co.jp/asante/

世界の南北間にある経済格差問題の解決を目指し、1986年にフェアトレードを開始。現在はフェアトレードをベースに、コミュニティトレードを推進している。2007年9月現在、26カ国83団体のパートナーから商品を直接仕入れ、国内500のお店をはじめ、数多くのお客さまと、ただモノを買うだけの関係に留まらない協力関係を築いている。

●第3世界ショップ
アサンテ　サーナ（Asante Sana）目黒店
〒153-0062　東京都目黒区三田2-7-10-102
TEL／03-3791-2147
営業時間／10:00～19:00　日曜・祝日定休

生きる基本となる「食」で「民衆交易」を行う

●オルター・トレード・ジャパン

設立に至るまでの道のり

１９８０年代、砂糖の島・フィリピンのネグロス島を混乱に陥れた砂糖の国際価格の大暴落。フィリピンの全砂糖生産の６割を占めていたネグロス島の砂糖産業は壊滅状態になり、地主が砂糖農園を手放したために、農園労働者は仕事を失い、多くの人が飢餓に直面しました。その救済を目的として１９８６年、日本の有志で結成したのが「日本ネグロス・キャンペーン委員会」。薬や食べ物といった緊急支援を行いました。

ところが、プランテーションの労働者は与えられた仕事をすること、地主に従うことに慣れきっていました。緊急支援の物資もやはりもらうだけで、自ら行動を起こそうとしません。一時的な緊急支援では彼らのためにならない。彼らが自立出来るような中長期の支援が必要なのではない

日本の市民による救済キャンペーンで食料や医療品を贈る活動を展開。オルター・トレード・ジャパンの原点となった。

かと、主食である米や野菜を栽培するための農業指導などを行いました。

そんな中注目されたのが、島で伝統的に作られていた黒砂糖「マスコバド糖」です。島の人が自分たちの手でこの地産品を作り、それを公正な価格で買い取って日本で売るという「民衆交易」こそ、農園労働者たちの自立を促す新しい援助のカタチになるのではないかと考えたのです。ネグロス島では生産物の流通システムを作ることを目的に市民団体がオルター・トレード社を設立、日本ネグロス・キャンペーン委員会の助けを借りて、日本へマスコバド糖を輸出し、一部の生協で販売するというルートが生まれました。

ネグロス島では輸出用のマスコバド糖が作られるようになりましたが、それだけでは人々の自立はまだ難しい。そこでもう1つの交易品として考えられたのが、やはり地産の「バランゴンバナナ」でした。ちょうど日本では農薬漬けのバナナが問題になっていた頃。ネグロス島の人々の自立支援と、安全なバナナを求める消費者の声が合さって、新たなバナナ交易がスタートしたのです。

マスコバド糖から始まった草の根交易、ネグロス島の人たちとの直接交流。これらに関わった人たちは、第三世界との新しい関係作りが重要だと気づきます。そして、これ

オルター・トレード・ジャパンの
最初の民衆交易品「マスコバド糖」。

までの商社とは違う、オルタナティブで自立した「民衆交易」を行う機関として、1989年に生協連合グリーンコープ（現グリーンコープ連合）、生活クラブ「連合本部」（現生活クラブ事業連合）、首都圏コープ事業連合（現パルシステム連合会）、大阪府事業生活協同組合連合会（当時）や市民団体などの出資を受けて、オルター・トレード・ジャパンは設立されました。

　その後、日本の有機農業に似た環境共生型のエコシュリンプに出合います。1992年から産地のインドネシアから輸入を始めたことで、ほぼ現在の事業・組織が形成されました。

民衆交易とは？

　オルター・トレード・ジャパンが進める「民衆交易」とは、食べ物を通じて生産者と消費者が出会い、共に暮らしと社会を変えようとする試みです。それは人と人とのつながりを中心に置いた仕組みであり、第三世界に暮らしている力も土地もお金も無い人たちがどうやって生きる力を持続出来るかを考えることでもあります。

　その基盤は地域における社会開発です。社会開発とは、

●バランゴンバナナ

　バランゴンバナナには2つの顔がある。1つは、自然を守りながら無農薬で栽培され安心して食べられる美味しいバナナ。もう1つは、フィリピンの農民たちの自立を応援する「民衆交易」商品としてのバナナ。バランゴンバナナが民衆交易品として初めて日本に届けられたのが1989年。以来、バランゴンバナナは、フィリピンの生産者と日本の消費者を「顔の見える関係」で結んでいる。

日本とフィリピンを結ぶバランゴンバナナ。

生活の自立と地域作りで、日本では生協のような組合員組織の活動になります。産地では、パートナーと生産者が中心になって進める地域の資源と知恵を活かした食べ物作りと地域作り。生産者が社会的にも経済的にも自立することを目指した取り組みです。

オルター・トレード・ジャパンの民衆交易の特徴は、売り上げの大半を特定の生協や会員制の組織による共同購入や宅配事業で占めていること。これは事業的にもかなりの安定を生産者側にも保証するという恵まれた環境を作っています。産地と消費者が連携し、支え合うといった「産直提携の精神」の関係が日本と第三世界の人たちの間に築かれているのです。

これまでもバナナやエビといった主要な商品は、生産者と消費者が共同で開発をしてきました。同時に、事業の仕組みや商品基準なども作ってきました。また、限られた人数ですが、生産者と消費者との定期的な交流もあり、そこで得られた体験や知識はお互いの地域で還元され、多くの人たちの間で共有されます。

こうして産地の現実を基礎にして、共に関係を築き、持続させ、発展しようという「民衆交易」は、一般市場を対象にした欧米型のフェアトレードとは異なると考えています。

環境共生型のエコシュリンプ。

東ネグロス洲バイス市のバナナ生産者たち。

民衆交易は大変地道な取り組みですが、成果も出ていま す。マスコバド糖やバランゴンバナナには当初、自立基金が設けられ、事業の発展と共に産地のインフラ整備や生産者の収入増加を実現してきました。産地の現実を尊重した上で、生産流通履歴の補足や品質改善も進んでいます。

一方、困難にも直面しています。交易を継続させるために生産物の量を維持、あるいは増やすべきか、という事態が起こりました。しかし、生産者の能力以上のモノを作ることを要求すれば品質は落ち、生態系のバランスを崩して病虫害や連作障害というしっぺ返しを受けます。彼らの生活を崩すことにもなります。様々な経験を経て、今では物量よりも商品に関係する様々なクオリティを大事にするほうが必要なのだと思っています。

原点は、産地のパートナーと共に、地域と生産者が発展するための持続的な仕組みを作ることです。つまり生産者の「自立」、いえ「自律」を目指すということです。自律とは、自分たちの軸をきちんと持つということ。様々な誘惑のある現代社会ではなかなか難しいのですが。

オルター・トレード・ジャパンの取り組みが、アジア発展のモデルとして広がればいいと思います。実際に、韓国では2004年に民衆交易事業体が設立され、マスコバド糖やパレスチナのオリーブオイルなどの輸入を開始、そのネットワークは次第に広がっています。これまでは生産地と日本をつなぐ点と点だった活動が、こうして面と面の活動になりつつあります。

バナナは19年目、エビは16年目。消費者は時にきまぐれです。でも生産者は暮らしをかけて、私たちの命を作っている。私たちは食べることに対して生産者への責任があります。つまり私たちは彼らの生活を支えている、そして彼らは私たちの命を作っている。こうした人と人のつながりこそ民衆交易だと考えています。

近藤康男さん

オルター・トレード・ジャパン

農協の全国連合会である全農に27年勤務、国内・海外で畜産・飼料部門の業務を担当。第三世界の生産者と日本の消費者の連帯と共生を目指すオルター・トレード・ジャパンには１９９９年に入社、取締役として事業全般を担当、２００７年6月退任。

上田　誠さん

オルター・トレード・ジャパン
事業部部長

大学時代、オーストラリアの先住民アボリジニのコミュニティに8週間滞在。以降、文化と開発、貧困、ＮＧＯに関心を持つ。ＮＧＯの一員としてバングラデシュの農村開発に関わり、本格的に開発の仕事に就きたいと考え帰国。企業に就職。その後、アメリカで国際開発学修士を取得。ＦＡＳＩＤのインターンを経て、オルター・トレード・ジャパンに入社。

●オルター・トレード・ジャパン
http://www.altertrade.co.jp/

バナナやエビ、コーヒーなどの食べ物の交易を行う会社。「モノ」の流通に留まらず、食べ物の交易を通じて「作る人」と「食べる人」が人と人として出会い、支え合う関係を作る「民衆交易」を展開する。風土に根ざした作物を作る小規模な生産者を守り、育てている。日本ネグロス・キャンペーン委員会の活動を基盤に、生協連合グリーンコープ（現グリーンコープ連合）、生活クラブ「連合本部」（現生活クラブ事業連合）、首都圏コープ事業連合（現パルシステム連合会）、大阪府事業生活協同組合連合会（当時）や産直団体、市民団体が共同出資して1989年に設立された。

買い物で世界を変える!

●ピープル・ツリー

グローバル化に伴って流通が複雑になり、材料の調達先や製造する場所が世界中に広がったことから、私たちが手にする商品は「どこで」「だれが」作ったのかが見えにくくなってしまいました。また、モノが作られる過程で、働く人の人権が侵害されたり、環境が破壊されるなどの問題が、私たちの知らないところで起きるようにもなっています。こうしたことからピープル・ツリーでは、商品が「どこで」「誰が」「どのように」作ったかを明らかにし、さらに世界の貧困問題と環境問題を改善するために、フェアトレードの商品を販売し、フェアトレードについて多くの人に伝える活動をしています。

具体的にはアジア、アフリカ、中南米などの農村地域や都市のスラムなどに暮らす人々に仕事の機会を提供し、彼らが安定した収入を維持することで、自立した生活を送れるよう支援しています。また、農薬や化学肥料に頼らない自然農法や、産地で採れる自然素材や伝統技術を活かした商品作りをすることで、環境に優しい持続可能な社会の実現を目指しています。

いろいろあるフェアトレード団体の中でも、ピープル・ツリーの特徴はファッションに特化しているところです。衣料品は生産の過程でたくさんのプロセスがあります。コットンを例に挙げると、まず種まきから始まって、栽培して、収穫して、紡いで、布にして、染色して、縫製して、刺繍やブロックプリントをほどこす。工程があればあるほど、より多くの仕事を作り出すことが出来ます。また刺繍やブロックプリントは技術を必要とする手仕事ですから、それだけ商品の付加価値も高くなります。小規模な農家や外に出て働くことの難しい女性など社会でも弱い立場にある人たちが、こうした仕事を通じて技術を継承し、自立した生活への一歩が踏み出せると考えています。

ピープル・ツリーでは、このような生産者からなる現地のパートナー団体と一緒に商品開発を行っています。現地の伝統技術を活かしつつ、日本の市場に受け入れられるデザインを提供する一方で、品質を保ち納期を守るために日本の担当者はほぼ毎日、現地の生産者とやり取りをしています。

日本の消費者は要求が高く、サイズが1㎝でも違えば、

ピープル・ツリーが守るIFAT（国際フェアトレード連盟）のフェアトレードの基準

- 生産者に仕事の機会を提供する。
- 事業の透明性を保つ。
- 生産者の資質の向上を目指す。
- フェアトレードを推進する。
- 生産者に公正な対価を払う。
- 性別に関わりなく平等な機会を提供する。
- 安全で健康的な労働条件を守る。
- 子どもの権利を守る。
- 環境に配慮する。
- 信頼と敬意に基づいた貿易を行う。

その商品は売れません。生産者には、現地の市場と日本の市場は違う、ということを根気よく説明する必要もあります。そして、少し糸がほつれているだけでもやり直す、といった厳しいチェックをしながら、生産者の技術力向上につなげる努力を重ね、直接技術指導をするために担当者は半年に1回程度、現地へ行っています。また、原料や設備の調達に必要な資金を持たない生産者団体には、代金の半額を前払いして、生産者たちが働く環境を整えるための支援もしています。

こうして生産者と共に完成させた商品は、全国の約350の小売店やピープル・ツリー直営店2店舗で販売するほか、年3回発行している通販カタログ『ピープル・ツリー』やオンラインで紹介。カタログはピープル・ツリーの会員、小売店、書店などを通じて約5万人の手に渡っています。

また、ピープル・ツリーでは、フェアトレードの理念を守りながら健全な事業を展開しているかどうかをきちんと評価してもらうために、2年に1度「ソーシャル・レビュー」を実施しています。生産者、小売店や通販のお客さま、スタッフなど、各ステークホルダーの代表が出席して、事業の評価が行われます。

●ピープル・ツリー自由が丘店
〒152-0035
東京都目黒区自由が丘3-7-2
TEL／03-5701-3361
営業時間／11:00～20:00　年末年始を除き年中無休

●ピープル・ツリー表参道店
〒150-0001
東京都渋谷区神宮前5-12-10
TEL／03-5469-6333
営業時間／11:00～20:00　年末年始を除き年中無休

ピープル・ツリー自由が丘店

フェアトレードファッションだってカッコイイ

エコやロハスが注目されるようになり、一般の人たちの間で環境問題の意識が高まってきています。そしてフェアトレードも、環境に優しい取り組みをしているとしてずいぶん知られるようになってきました。相乗効果ですね。以前のフェアトレードファッションはヒッピーっぽかったり、ダボッとしたイメージがあったかもしれませんが、ピープル・ツリーでは、長年にわたる生産者との付き合いで少しずつ技術を改善し、日本の消費者が求める服や商品を作れるようになってきました。「服がかわいいから」「商品がいいから」といってピープル・ツリーを好きになったり、フェアトレードを知ってくれた人も多いんです。

昨年春には、ファッション誌の『ヴォーグ ニッポン』とコラボレーション企画を行い、誌上でフェアトレードファッションを展開しました。業界にとっても、お客さまにとっても、「フェアトレードでこんなことが出来るんだ」といい意味で裏切りになったようです。企画では、東京、ロンドン、ニューヨークの有名デザイナーにデザインを提供してもらい、それをピープル・ツリーの生産者たちが製作し

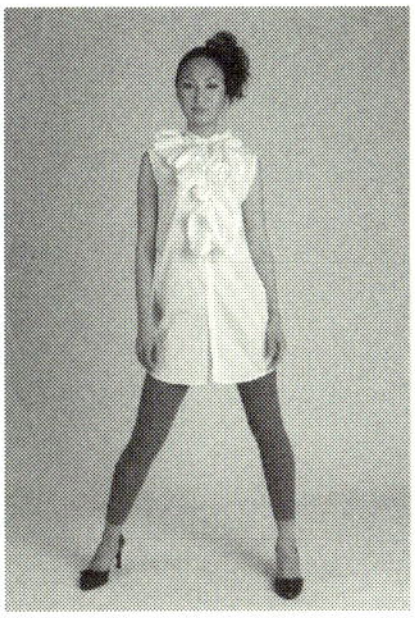

世間をあっと言わせた『ヴォーグ ニッポン』誌上のデザイナーコレクション。

ました。「こんな複雑なモノ作ったことないよ。袖のパターンを理解するだけでも4日間もかかってしまった」と生産者たちも最初は戸惑いを隠しきれませんでした。でもきれいな服が出来上がり、それが誌面を飾ったのを見て、大きな自信になったようです。その服はアパレルを代表するセレクトショップのユナイテッドアローズでも販売されました。こうしてフェアトレードと流行のファッションが融合するという新しい可能性も生まれました。

　ピープル・ツリーの服はただの服ではありません。その背後にストーリーがあり、メッセージがある。生産者がどういう生活をしているのかといった背景が見える服は、これからますます魅力を増していくはずです。ピープル・ツリーでは今後もいっそうファッション性の高い製品を提供し、フェアトレードをさらに広めていきたいと考えています。

イギリスに学部留学中、フェアトレードと出合う。在学中ボランティア活動や旅を通して、開発学に興味を持つ。その後、オランダに渡りアムステルダム大学国際開発学修士課程を修了。帰国後、メーカー勤務を経てフェアトレードカンパニー株式会社に入社。

ピープル・ツリー
広報担当
髙井藍《アイ》子《コ》さん

●ピープル・ツリー
http://www.peopletree.co.jp/

1995年、NGOグローバル・ヴィレッジのフェアトレード事業部門がフェアトレードカンパニー株式会社となって誕生。そのフェアトレードカンパニーが展開するフェアトレード専門ブランドが「ピープル・ツリー」。1996年よりＩＦＡＴ（国際フェアトレード連盟）に加盟。現在、ピープル・ツリーが取り引きをしている生産者団体は、主にＩＦＡＴに加盟するアジア、アフリカ、南米約20カ国の60団体。

●NGOグローバル・ヴィレッジ
http://www.globalvillage.or.jp

環境保護と国際協力をテーマに、1991年、イギリス人サフィア・ミニーが設立したNGO。情報提供やキャンペーンを通じて世界の問題を提起し、世界の持続可能な発展を目指す。

フェアトレードを広めてきた人たちの取り組み⑤

ネパールの人々が誇りを持って暮らせるように～自立するための仕事を生み出す～

●ネパリ・バザーロ

学校を建てても、通えない子どもがたくさんいた

ネパリ・バザーロの母体は、ネパールで学校を作って子どもたちの支援を目的に設立したＮＧＯベルダレルネーヨ（ネパールの女性の自立と子どもの育成支援の会）です。就学率の低いネパールでも、学校を作れば子どもたちが教育を受けられるようになるはず。そう考えて現地に足を運び、学校作りの準備を進めていくうちに、学校が出来ても通えない子どもがたくさんいることに気づきました。教科書や制服を買ってもらえない。勉強よりも働いてお金を稼ぐように言われる。女の子は学校に行かずに弟や妹たちの面倒を見るように言われる。そうした背景には、親に仕事が無く、収入が無いといった現実がありました。

学校を作ることよりも、親が仕事に就くことのほうが先ではないか。ネパールは各国から寄付や物資の支援を受け

ていましたが、そうした一時的な支援は根本的な貧困問題の解決につながっていませんでした。与えられるだけの支援。それは、ネパールの人々の誇りや尊厳までをも傷つけているようにすら感じられました。そんな時、ある女性から「どんなモノを作ったら日本で売れるの？」と聞かれたのです。

その言葉を聞いて、ようやく自分の進むべき道が見えました。ネパールの人たちが作ったモノを日本で売ろう、と。この国には手仕事という土壌があります。自分はモノを作るという仕事を生み出して、より多くの人たちが収入を得られるようにしよう。そしてネパールの人たちが「自分で稼いだ」という誇りが持てるように、将来は経済的に自立出来るようにサポートしていこうと考え、1992年に「ネパリ・バザーロ」を立ち上げました。まだフェアトレードという言葉が生まれたばかりの頃のことです。

それから現地でパートナーとなる生産者を探しました。首都カトマンズの店を1軒1軒回って「これは良さそう」と思う商品があれば、その生産者の所在を聞いて、直接訪ねる。まさにローラー作戦です。そうして1人1人生産者と向き合い、話し合って、「この人とならやっていける」という人たちを核に、一緒にモノ作りを始めたのです。

観光地のネパールはお土産物の民芸品がたくさん作られていましたが、使い続けられるような品質ではありません。ネパリ・バザーロでは、付加価値を高めるためにもオリジナルデザインにして、実用的で長持ちする品質の良いモノを作ることを目指しました。その時からすでに、商品の柱を服にしようと考えていました。雑貨に比べて服はシーズンごとに変わるため、買ってもらえるチャンスが多いこと、そして服作りにはプロセスがたくさんあり、より多くの仕事を生み出すことが出来るというのが理由です。日本のお客さまは服の品質に関しては特に厳しいですが、手仕事の服の良さをもって、あえて挑む覚悟でした。

信頼を得るのに10年。生産者との二人三脚

ネパールの人に仕事を提供する。日本では彼らが作ったモノを売って利益を上げる。それを元手に再びネパールで商品を発注する。フェアトレードという仕組みでは、こちら側の事業がきちんと成り立たなくては、現地をサポートし続けることが難しい。私たちは、ネパールから輸入した商品をイベントやギャラリーで展示、販売し、事業を軌道に乗せることに必死でした。

当初は「NPOが商売をする」ということに抵抗を示した方々も、フェアトレードが途上国の人たちの生活をサポートするための事業であることを次第に理解してくださるようになりました。こうして日本で理解を得るのに数年、ネパールでは生産者たちに本当に信頼してもらえるようになるまで10年。何度もくじけそうになりました。

私たちが取り引きをする生産者の多くは、社会の中でも立場の弱い女性たちやカーストの低い人たち。教育を受けたことのない人もいます。型紙を作るにしても、布を切るにしても、例えば直角とか平行という概念がなかなか理解してもらえず、「どうして分からないの」と言いたくなっても、それは私たちの価値観の押しつけであり、生産者たちを追い詰めることになってしまう。彼女たちの価値観に合わせながら、こちら側のやりたいことを地道に伝えるというのは、とても根気のいる過程でした。思うことがなかなか伝わらず、「自分には力がない…」と自己嫌悪に陥ることもしょっちゅう。それでも少しずつ皆の顔が明るくなり、生活がよくなっているのを見て、「私たちがしていることは間違いではない」と自分たちを奮い立たせてきました。

長年、試行錯誤を続けてきたプロジェクトが実を結ぼう

ネパリ・バザーロが大切にしていること

〈Slow　ゆっくり〉
・農薬や化学肥料に極力頼らないオーガニック農法で作られているコーヒー、紅茶やスパイス。
・手紡ぎ、手織り、草木染め、手刺繍など、手仕事で作られる衣料品。

〈Small　小さく〉
・自らの手で仕事をし、自立しようとする小規模な農家や手仕事の生産者。
・家族、村など、小さなコミュニティの活性化。

〈Sustainable　続けること〉
・生産者が安心して暮らせるような、継続した注文。
・生産地で豊富に採れる自然素材を使った手工芸品。
・環境に負荷をかけない生産方式の推進。
・無駄を出さない商品開発と販売ポリシー。

としています。それは紙布で服を作ること。ネパールの高地ではロクタという灌木（かんぼく）の繊維で作られた手すきの紙があったにもかかわらず、以前からその使い途を探しあぐねていました。私たちも何とかならないかと模索していたところ、日本の伝統工芸である「紙布」に出合ったのです。極貧に苦しんだ日本の農民がもらい受けた反故紙から布を織り、野良着に仕立てたことが始まりといわれる紙布。信頼出来るパートナーのウシャさんに「ネパールにある手すきの紙を、日本の紙布の技術を使って、服にしたい。3年で実現したい」と話すと、彼女はそれまでの仕事を辞めて、全面的に協力する決意をしてくれました。

遠隔地の農民が手すきした紙を、カトマンズ周辺に暮らす生活状況の厳しい女性たちが紙布にしています。紙を細く切って、よって、織って、染めて、服にする。糸にするだけでも気の遠くなるような手間がかかります。全工程を行うにはあまりにも労力がいる。本気で断念しようと考えたこともありましたが、ウシャさんたちはそんな苦労も全くいとわずに、「もっと細くていい糸にしよう」と明るく貪欲に取り組んでいる。「仕事をしているのが嬉しいの」と話す女性たちの姿を見て、本当に励まされました。紙布と出合ってから5年。ウシャさんたちの手で製品となった紙布

紙布の服。紙とは思えない感覚。着るほどに肌になじむ。

が、これからネパールの特産品として羽ばたいてくれることを心から願っています。

生産者の5〜10年先を考えて、付き合う

私たちの活動の軸足は、ネパールの生産者です。事業をしていく中で困難にぶつかることも多くありますが、そうした時には「5〜10年先の彼らにとっていいことかどうか」を判断基準にしています。いつか彼らが自立して、自分たちの力で暮らしていけるようになることが私たちの目標だからです。

モノ作りにおいて大切なのは技術を身につけること。ですから1人が最初から最後まで工程に関わるという取り組みをしています。効率を追求すれば分業制になります。製品の一工程しか関わっていなければ何年働いても得るものが少ない。でも全ての工程を習得出来れば、いずれはミシン1つで開業することも出来るし、他の人に教えることも出来るようになります。

それぞれの工程にどんな意味があるのかを知ることも大切です。例えば裁断なら、何のためにこの部分に切り込みを入れるのか、といったこと。意味が分かれば自分なりの

ウシャさんが立ち上げた生産者グループ
「ヤング・ワオ」の皆さん。
ここで紙布が作られている。

工夫も出来る。そうすればやりがいを感じることが出来る。やりがいがあれば人は伸びるのです。

ネパリ・バザーロでは年に2~3回、研修のためにネパールの生産者を招いています。初めての外国に最初は戸惑っていても、1カ月間の滞在の終盤には、皆が目をキラキラさせながら「早くネパールに帰って、ここで学んだことを仲間に教えてあげたい」と、意欲的に話してくれます。人が成長し輝いていく姿を見るのは本当に嬉しいですね。

こうして小さな効果があちこちで生まれたらいい。私たちの活動の基盤は、一般の市場に入れない小規模な生産者や農民の自立を応援すること。ですから生産者と密に付き合える、今の小規模な事業にこだわり続けたいです。日本のオフィスも、皆で一緒にランチのテーブルを囲めるくらいの今の規模がちょうどいい。お互いの考えや仕事を共有し、顔を突き合わせられる規模こそ、フェアトレードには適していると感じています。

1人1人が世界を変える

ネパリ・バザーロの商品は全て手仕事ですから、1点1点が少しずつ異なり、染めムラやシミが出来ることもあります。工業製品に慣れている日本のお客さまには、均一でないと違和感を抱いてしまう方もいらっしゃいます。

今、ネパールでは経済状態が安定しておらず、毎日8時間の停電があります。以前からも停電は日常茶飯事でした。乏しい灯りの中で見つけられないわずかなムラや小さなシミが、日本の明るい照明の下でははっきりと見える。ですから、お客さまにはネパールの政治的にも経済的にも厳しい現状や、ムラやシミがある背景を誠実にお話しします。すると「そうなの。日本とは違って大変なのね」と言って逆に理解を深めてくださることも多いのです。

1つ1つが自然の素材を使った手作りのモノです。そうした心のこもった商品を大事にしたいと考えて、私たちは作り過ぎないこと、そして最後の1点まで売り切ることを心がけています。在庫になった商品でも、ネパールで染め直したり、縫い直したりして手を加え、日本で再び紹介すると、すぐに売れてしまうこともよくあります。こうして手仕事の魅力を伝えながら、商品をはじめ、モノを大切に使うという心をよみがえらせることも、私たちの大事な仕事です。

日本の恵まれた生活は世界のごく一部。世界にはどんな

●ネパリ・バザーロ直営店「ベルダ」
〒247-0007
神奈川県横浜市栄区小菅ヶ谷1-2-1
地球市民かながわプラザ
（あ～すぷらざ）2階
TEL／045-890-1447
営業時間／10:00～18:00
土曜・日曜・祝日10:00～17:00
月曜休（祝日の月曜は営業）

直営店ベルダ

ベルダの入店している「あ～すぷらざ」

に努力しても補いきれない貧しい環境があるということを理解しなければ共に生きていけません。自分がどんな買い物をするか、どんな仕事をするか、どんな人に選挙で投票するか。一見小さく思える私たちの行動は、じつは1つ1つが世界と密接につながっています。フェアトレードを応援することも、そうした行動の一つです。

1人1人が世界を意識する。その輪が広がれば、世界を変える力にもなるはずです。同じ地球に暮らす者同士、これからは助け合って生きていく時代だと、フェアトレードという仕事を通じてひしひしと感じています。

土屋春代さん
ネパリ・バザーロ
代表

中学時代、医療ボランティアに携わっていた医師・岩村昇さんからネパールの子どもたちの厳しい状況を聞き、「何かしなければ」と養護施設の訪問ボランティアを始める。結婚し、子育てや仕事に追われる中、ネパールの女性と知り合い、1991年に初めてネパールを訪問。20年前の中学時代に聞いた状況からほとんど変化がないことに強い衝撃を受け、教育支援活動を始める。そして現地で「仕事をしたい」という切実な声を聞き、仕事作りの必要性を実感。1992年にネパリ・バザーロを設立し、フェアトレード活動を開始。

●ネパリ・バザーロ
http://www.verda.bz/

「お買い物で国際協力」をテーマに、ネパール及びアジア諸国で生産・栽培されている製品を、継続的に輸入し販売することで、生産者の経済的自立を目指す国際協力団体。国内でも立場の弱い人々がより多くの就業の機会を得られるよう、フェアトレード製品の加工を福祉作業所に発注（右の手作りクッキーなど）。より多くの人が幸せになれる社会の実現を目指す。

ネパールでオーガニック栽培されたコーヒーや紅茶などと厳選した国産材料で作る大好評の手作りクッキー。

全国のフェアトレードショップを支える
●ぐらするーつ

フェアトレードの仲間でネットワーク結成

まだフェアトレードという言葉が知られていない1995年。当時は、バザーや国際協力のイベントでフェアトレードの商品が少し売られている、といった程度でした。そうした会場でたびたび顔を合せていた市民団体やグループの人たちの間で結成されたのが「草の根貿易ネットワーク」です。特定の人が集まるバザーやイベントではなく、いろんな人が訪れる店舗で販売することを目指しました。

タイミングよく、「池袋にあるサンシャインの輸入品フロアで店を出さないか」という打診がありました。ネットワークとしても「ぜひアンテナショップが欲しい」と考えていたこともあり、出店を決意。契約には会社法人が必要だったため、「ぐらするーつ」が設立され、本格的にフェアトレードショップとしての活動が始まりました。

海外の生産者団体と知り合い、設立2年目からはネパー

ぐらするーつ池袋店（現在は閉店）

ルの生産者団体と一緒に開発をした商品を輸入するという取り引きを開始しました。単に現地のモノを買いつけておしまい、というのではなく、長く付き合っていくには一緒にいいモノを作り続ける。それを僕たちは輸入して日本で滞りなく売る、という努力をする。こういった取り引きを続けて今年で13年目になります。

ぐらするーつが直接生産者と取り引きしている商品は主に手織り、手刺繍、草木染めなどの手工芸品です。日本には無くなりつつある手作りのモノは、年配の方には懐かしく、若い人には新鮮に映るようです。手工芸品の良さを、背後にある文化と合せて日本に住む多くの人に紹介していきたい。それはきっといい刺激になるはずです。

ぐらするーつでは当初から、自分たちの店で売るだけでなく、同じ志を持つ店への卸しも行っていました。現在、ぐらするーつでは渋谷の店舗、卸売、輸入の3部門の展開をしていますが、売り上げ的には卸売部門が全体の60〜70%にもなります。その大部分は仲卸。つまり、国内のフェアトレード団体が輸入した商品を仕入れて、全国のフェアトレードショップに卸しているのです。

このように卸しの扱いが大きくなった背景には、「売りたいけど仕入れられない」という全国のフェアトレードショ

●ネパールの生産者団体
エコ・ヒマール・ブナイ
ECO-HIMAL BUNAI

ネパールの首都カトマンズ郊外で、1995年に設立。ネパールで採れるヘンプやアローといった植物繊維、インド藍やインド茜、ターメリックなどの植物染料などの天然素材を用いて商品開発、生産を行い、約200人のメンバーの現金収入の道を支えている。メンバーの8割は農村出身で子どもを持つ母親。ほとんどのメンバーは教育を受けておらず、エコ・ヒマール・ブナイでは仕事の後に識字教育などを行っている。ぐらするーつとの付き合いは1996年の春から。

ップからのニーズがありました。それらのお店とは当初、ぐらするーつが輸入した商品を販売する、というお付き合いでしたが、次第に「あそこのフェアトレード団体のこれを仕入れたいんだけど…」といった相談や声を受けるようになったのです。フェアトレードショップには小規模のお店が多く、輸入元である大きな団体と取り引きするだけの量を注文するのは大変です。でも僕たちは、小さなお店こそフェアトレードを広める有効な場所だと考えていましたから、ぜひ彼らを応援したかった。それに、自分たちが直接輸入したモノと抱き合せて卸しが出来れば相乗効果もある。1つの団体の範囲内でやるよりも、いくつもの団体と手をつないで横のネットワークを広げたほうがフェアトレードの市場も広がる。ぐらするーつはそういった中間の役割を果たす場所になればいいんだ、と考えました。以降、様々なフェアトレード団体からまとめて仕入れて全国のショップに卸す、というカタチを作っていったのです。

大きなスーパーと小さなフェアトレードショップ

最近はフェアトレードが注目されて、流通業界の大手がフェアトレードの商品を扱うようになってきました。大き

エコ・ヒマール・ブナイ代表のラトナ・プラダーンさん。

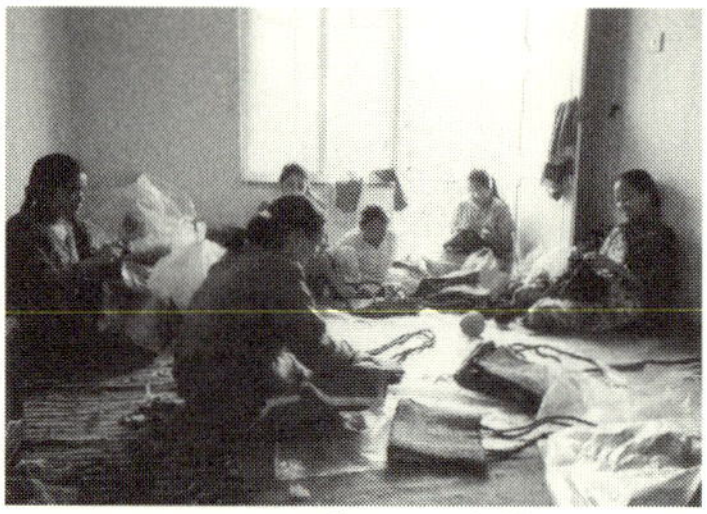

エコ・ヒマール・ブナイの女性たち。ヘンプのバックを製作中。

なスーパーで棚いっぱいにフェアトレード商品が並ぶのを見て、「お客さまが来なくなっちゃう」と心配する取り引き先のフェアトレードショップが多いのも事実。特に地方のお店では不安が大きいようです。

売上＝客単価×客数、という商売上の公式があります。縦軸の客単価も、横軸の客数も、両方を伸ばさなければ売り上げは伸びません。僕の考えでは、客単価はフェアトレードをどれだけ深く理解してくれているか、どれだけ好きかということ。この軸を伸ばすには、小さな店の熱意こそが大事です。一方、客数はフェアトレードのことをどれだけの人が知っているかということ。流通の大手はこの横軸を伸ばすことが出来ます。

大きなスーパーがフェアトレード商品の扱いを始めれば、フェアトレードが一気に世に広まって、自動的に商品も売れるようになるのか、といえばそうではない。やはりフェアトレードショップのような専門店で、店のスタッフがお客さまに丁寧に説明をし、商品の背景やフェアトレードの意義を理解してもらうといった小さな努力が、特に必要でしょう。生産者と顔の見える取り引きをするのがフェアトレードの特徴ですから、商品の売り買いも、お互いに顔の見える場所でやるのがいいと思うのです。

ぐらするー つ定番の「草木染めボーダーハット」。エコ・ヒマール・ブナイで作られている。

これだけ偽造や偽装が氾濫する社会で、「安心して買い物が出来る」というのは意味があります。僕自身、量販店で誰がどうやって作ったか分からないモノを買うのは、どうもしっくりきません。外食にしても、この人が作っているから安心して食べられる、という場所がどんどん少なくなっています。レストランへ行って、フードパックを温めて盛りつけただけの料理にお金を払うくらいなら、頑張っている人や店を応援したい。自分にとってどういう買い物が気持ちいいのかと考えると、やはり「顔の見える」買い物なんですね。

ぐらする一つではこれまでに延べ５００店以上、今でも３００店以上と取り引きをしています。大手スーパーも参入しつつあるフェアトレードの市場で今後生き残っていくには、小さな店が「出来ること」を真剣に考えなくてはいけない時代になりました。僕は、小さな店が今以上に専門性と質を高めれば、お客さまともより強くつながることが出来るようになる、それが地域の活性化にもつながる、と考えています。

例えば、大手スーパーの棚でフェアトレードを知った人が、小さなフェアトレードショップに行って理解を深めてくれる。大手も小さな店も互いにサポートしあいながら、フェアトレードが広まっていったらいいなと思います。

フィールドときちんと付き合う

フェアトレードは、生産者にきちんと賃金を払う、というカタチの貿易だと考えています。「ほどこす」のではなく、取り引き（＝トレード）をして生産者を援助する。モノを作っている人はどういう人で、何を必要としているのか。そういったことを知るために、モノ作りの現場（＝フィールド）と私たちがきちんとお付き合いする、というのが基本です。

今の世の中、確実に生産者とやり取りをしている、そして生産者にきちんとお金が払われているかどうかを追跡出来るのは、フェアトレードか有機農業くらいでしょうか。流通の途中で、お金がどこへ行ってしまったかが分からなくなってしまう「ブラックボックス」は実際に存在します。そうした不透明な部分を無くすこともフェアトレードの役割でしょう。

消費者にとって、フェアトレードの魅力は「顔が見える」こと。買い物をすることで、生産者や作ったモノの背景にあるストーリーを知り、生産者にどんなメリットがあるの

ぐらするーつの考えるフェアトレード

ぐらするーつの商品は「誰が」「どんな気持ちで」「どう作っているか」と、1つ1つにストーリーがあります。第三世界の生産者と公正に、継続的に取り引きを行い、生産者の想いを多くの人に伝えることは、彼らの生活の安定や、モノ作りの伝統技術の継承につながります。モノを通して人と人がつながること。それがぐらするーつの考えるフェアトレードです。

かを知ることも出来ます。最近はそんな買い物がいいという人が増えてきたと感じています。だからと言って、フェアトレードなら消費者はどんな商品でも手にしてくれるかというと、そうではない。やはり質の良さ、興味を引くモノでなければいけません。そのための商品開発は必須です。

今後、良質なフェアトレード商品が広まっていけば、「どこで買えるの？」という声が出てくることは確実です。この消費者のニーズにどれだけ応えられるか。だからぐらするーつでは、全国のフェアトレードショップの要望に応える体制を整えなければいけない。今が頑張りどころです。

いつか、どこに行ってもフェアトレードのお店があって、気軽にフェアトレード商品の買い物が出来るような世の中になったら。そんなことを思いながら奮闘する毎日です。

鈴木隆二さん
ぐらするーつ
代表

学生時代より知的障害を持った子どもたちのスポーツ教室や沖縄平和学習ツアーに関わり、神戸の震災ボランティアなどの活動を経て、草の根貿易ネットワークに出合う。東京・池袋への出店を機に、1996年有限会社ぐらするーつ設立にボランティアとして関わる。2001年より代表に就任。10年来のライフワークに藍染めがあり、ネパールで藍染めの商品開発に携わるほか、各方面でワークショップを行っている。

●ぐらするーつ
http://grassroots.jp/

フェアトレード、エコロジー、オーガニック、平和などをテーマとした商品を輸入し、直営のショップで販売するほか、国内の各団体から仕入れたフェアトレード商品を全国約300のショップに卸し販売している。消費者にフェアトレードを有効に伝えられる場所はショップの店頭だと考え、全国のショップへ熱いエールを送る。

ぐらするーつ渋谷店

●ぐらするーつ渋谷店
〒150-0042 東京都渋谷区宇田川町4-10 ゴールデンビル1F
TEL&FAX／03-5458-1746
営業時間／12:00～20:00 不定休

フェアトレードを広めてきた人たちの取り組み⑦

自分たちが楽しめる空間作りを大切に

●フェアトレードセレクトショップ　アースジュース

1つ1つの商品が輝いて見えるショップ

フェアトレードショップの経営はなかなか難しい仕事です。気持ちだけが先走っても、利潤が良い訳ではないので続けるのは難しい。けれど、とてもやりがいがあり、気持ち良く働くことが出来ます。利益の縦糸に愛の横糸で織られていくタペストリーのようにも考えられます。仕上がりには、どちらの糸も必要です。

私がお店作りで大切にしていることは、オリジナルであること。商品選びからディスプレイまで自分の直感を信じてこだわり、世界に1つしかないフェアトレードセレクトショップを作り出しています。同じ商品でも、アースジュースにあると「違って見える」「魅力的に見える」とお客さまから言ってもらえることはとても嬉しい。もっと商品が輝くような店作りをしようと力がわいてきます。

お店を始めて6年。自分たちでまず使って、着て、食べ

世界中のカラフルな雑貨を楽しく、魅力的にディスプレイ。お客さまも注目する入口正面のコーナー。

て、これだというモノを、時間をかけて少しずつ増やしてきました。開店当初は商品が少なかった店内も、今では10以上のフェアトレード団体から仕入れるモノで溢れています。

良いモノを選び、仕入れてからがディスプレイの腕の見せどころ。どう見せようか、どこに置こうか、店を1つの世界に作り上げていきます。不思議なことにモノには「光る」場所があります。ぜんぜん動きが無かったモノを別の場所に持って行ったら、とたんに輝き出してその日のうちに売れてしまうこともあります。埃のかぶることが無いように、触って動かして良いエネルギーを注ぎ込むことを、お店ではとても大切にしています。また、生産者情報や使い方などを手書きした紙を貼って魅力を少しでも伝えられるように心がけています。毎回商品が届くと、1つ1つが光る場所を探し小さな店内をぐるぐると歩き回ります。あまりにも止まることなく、ぐるぐる歩き回るので、友達に「万歩計つけてみたら?」と言われたことがあるほどです(笑)。

大都市で感じた貧富の差。どうにかしたい

大学時代に過ごした海外で出会った、様々な国の友達を

訪ねて、休みになると旅をしました。アジア、南米へ行った時に初めてストリートチルドレンを見かけました。メキシコの公園では家族と休暇を一緒に楽しむ子どもたちがいる一方で、昼間からラッカーを吸って飢えをしのぐ目のうつろな子どもたちがいました。休日の公園はたくさんの家族連れでにぎわっていましたが、ラッカーを吸っている子どもたちを気に留める人はいないようでした。また、タイで物乞いをするストリートチルドレンには元締めがいるので、お金をあげても吸い取られてしまい子どもたちの収入にはならないと聞きました。大人が守り、支えていく必要がまだある小さな子どもたちが置かれている状況を知り、「何か出来ないのか？どうにかならないのか？」という強い思いが私の中に生まれました。

　募金や寄付は与える側ともらう側、何となく立場が決まってしまい、いつまでも対等になれないように思え、抵抗がありました。国連で働く知人に、アフリカの難民キャンプでの暮らしはキャンプ外の町や村よりも潤っていることが多く、与える側ともらう側という構図が出来上がっていて、人々は支給に頼りきっているという話を聞きました。彼らは、何もしなくても暮らしていけるので、仕事をする気が起こらなくなっていると言います。ただ与えるだけの援助に疑問が残りました。

当時住んでいたニューヨークで見かけるフェアトレード商品は、コーヒーやチョコレートが中心。スーパーの食品売り場に並んでいましたが、情報はあまり提供されていなかったように思います。フェアトレード専門店も私の知る限りでは1つもありませんでした。

帰国後、フェアトレードの勉強会があることを知り、参加しました。生産者に仕事の機会を提供し、彼らが誇りを持って手作りするモノを公正な価格で買い取ること。人や環境に負担にならないエコポリシーや子どもたちの権利を守ること。何より、生産者と対等な立場で信頼と敬意に基づき共にモノを作り出していこうという姿勢。

私の思いとフェアトレードがつながりました。

数日後には不動産屋を巡り、物件を決めていました。

全て手作り。国分寺にアースジュースを開店

物件を決め、店作りが始まりました。業者に見積もってもらった工事費は予算オーバーでした。資金が無いなら自

分たちでやるしかない。幸い私は何かを作り出すことが好きだったので、出来ることは全て自分たちでやってみることにしました。渓流や奥多摩の山へ行き、枝や流木を拾ってきて棚やハンガーを作りました。いらない家具などをもらってきてカードホルダーに作り直しました。床のコンクリートをはがすなど、自分たちには出来ない仕事は知り合いの職人に手を貸してもらい解決しました。毎日店の前で仕事をしていたので、地域の人とも顔見知りになり、開店を楽しみにしているから頑張ってと、励まされたことも度々ありました。たくさんの友達や家族の助けを借りることが出来、約1カ月半後にコストを大幅に抑え、東京の国分寺にアースジュースを開店しました。

次の課題はお店の経営と販売。レジの打ち方も知らなかった私は販売経験のある友達に基礎的なことを教えてもらい、実践。手探りのスタートでしたが、初めてのことは楽しく充実した日々でした。

お店の経営は開業時に必要な資金もあり、初めの3年は赤字だと言われています。アースジュースも例外ではありませんでした。初めは何でも新鮮で楽しく働いていましたが、「何やってるんだろう？経営が厳しいフェアトレードってどうなんだろう」という気持ちが強くなることもあり、

帽子をかけた木のハンガーは川で拾ってきたモノ。白くペンキを塗って完成。手作りの棚やハンガーの存在が店の温かみを演出。

「辞めてしまいたい」と思うこともありました。それでもやってこられたのは、今まで積み上げてきたことが一瞬で水の泡になってしまうのが嫌だったから。せめて何かにつなげたいという強い思いと、「ここに来ると元気になる」「癒される」「楽しくて素敵なお店ね」などのお客さまの温かい言葉、家族の助力があったからでした。

6年経った今、ようやく今まで頑張ってきたことに少しずつ花が咲き始めたところです。

顔の見える関係。生産者とお客さまをつなぐ店

フェアトレードショップと他の小売店の大きな違いは、事業の透明性が商品を通して伝えられること。1つ1つのモノに物語があることです。どこの国の誰がどのように作っているのかが分かる。時には作り手の名前が書いてあるモノが届いたりもします。また、同じモノを注文しても作り手の性格で全然違ったモノが届いたりすることもあります。きっちり編んである小ぶりのバスケット。ざっくりと編まれた大ぶりのバスケット。どちらも同じ商品ですが、世界に1つのオリジナルです。届くモノを見て作り手のことを考えてみる。そんな時間をお客さまと共有することで、

お客さまとスタッフに聞いたフェアトレードの魅力

・一方的な援助ではなく、買い物という身近なことで、途上国の人たちに協力出来るところ。

・自分の欲しいモノを買うことで、手軽に国際協力に参加出来るところ。

・その国の伝統的な手法で愛情いっぱいに1つ1つ手作りされていて、作りも丁寧。長く使えます。1点物が多いので、愛着がわきます。どこの誰が作っているのか。普通のお店ではほとんど分からない生産者の情報が分かるのも魅力。

お客さまとスタッフに聞いたアースジュースの魅力

・どんな人が作ったのだろう。そんな思いを浮かべながらアースジュースのディスプレイを眺めているとあっという間に時間が経ちます。なじみの

モノへの愛着やいつまでも大切にしたいという気持ちがわいてきます。壊れたところやほつれたところを直して、いつまでも使ってくれている常連さんを見ると嬉しくなります。あまりにも壊れやすいモノは、お店を通して生産者に伝えることが出来、今後の生産者の課題となっていきます。生産者にお客さまの声を伝え、より良いモノ作りに発展していける可能性。すぐ壊れるからもう買わないのではなく、国を超えて、生産者、フェアトレード団体、小売店、消費者が共に先に進んでいける顔の見える関係はフェアトレードの最大の魅力だと思います。

お店をやっていると、長い間売れないモノが出てきます。いつまでも店頭にあるモノが再び輝くように、時間さえあれば家に持ち帰って自分でリメイクもしています。私はモノ作りが好きで、刺繍やステッチも得意。リメイクして店頭に並べるとすぐに売れてしまうこともよくあります。手間はかかりますが、アースジュースならではのオリジナルな取り組みをとても大切にしています。

エコ、ロハス、フェアトレードなど最近では流行の言葉のようでよく耳にするようになりました。オープン当初と

薄い国からはるばるやってきたモノに出会った時には、世界は広いなぁと感じます。同時にその国をちょっぴり身近に感じられるようになります。世界中の思いがつながる楽しいお店です。

・ゆったりとしたお店の雰囲気が落ち着きます。品揃えが豊富で、厳選されたいいモノが揃っている。行く度に新しい発見があって飽きません。アースジュースに行くと欲しいモノが必ず見つかるのも魅力です。スタッフが皆フレンドリーでいろいろアドバイスしてくれるのが嬉しい。行くだけで癒される空間です。

・温かい手で作られた品々は手にした人の心も温めてくれます。大切な人への贈り物を探す時はアースジュースがぴったりです。

比べフェアトレードを知る人も増えてきています。学校で勉強しているという学生や、教材で使いたいという学校の先生がお店に来てくれるようにもなりました。とても嬉しいことです。それでも、フェアトレードを知らない人はまだたくさんいます。かわいい雑貨に引かれて店に入ってきて初めてフェアトレードを知ったというお客さまも多くいます。アースジュースは主に20代から小さなお子さんがいるお母さんまでに合せた品揃えです。初めはただ、「かわいいな」「素敵だな」と思ってもらえることを大切にする。そこからが始まりだと思っています。商品を購入してもらい、まずはついているタグを見てフェアトレードに触れてもらう。

アースジュースがきっかけとなり、1人でも多くの人にフェアトレードを知ってもらいたい。最近は、店を中心に確実にフェアトレードの輪が広がっていると実感しています。

またお店では、フェアトレード商品以外に人と地球に優しい生活雑貨というコンセプトが共通するモノも、販売しています。コミュニティトレードのモノ、環境、人に優しい生活雑貨、オーガニックコットン、布ナプキン、石けん類、シャンプー、アロマオイル、日焼け止めや食料品、地域の作家の作品などが揃っています。布ナプキンは特に人

小さなお子さん連れのお客さまも多い。オーガニックコットンのベビー服は人気アイテム。

気。通販では出回っていますが、実際に見て手に取ることが出来、使用しているスタッフの話が聞けるので安心出来ると評判です。

お店ではこういったスタッフの声をなるべく伝えられるように接客しています。実際に着て、使って、食べてみてどうだったのか、どこがいいのかなどを常にアドバイス出来るよう心がけています。

今、関心があるのは、地域の障害者と一緒に何か出来ないかということ。地域を活性化するためのコミュニティトレードです。彼らは主に袋詰めの作業など単純な委託作業をこなしていますが、こちらが提案したデザインやアイデアを商品化して販売出来ないかと思案しています。店頭販売していける質に仕上げることが課題となりますが、きれいな材料を使い楽しく手仕事する時間が持てることで笑顔が増え、店頭販売していくことで、彼らが自信を持って取り組めるようになっていければいいなと考えています。

将来はもう少し大きな店舗にオーガニックカフェを併設したいという夢を持っています。カフェスペースでは勉強会や報告会、ビデオ上映会や手仕事の会など様々な企画を通して、生産者の紹介をすることも出来、アースジュース

人に優しい生活雑貨も充実。1つ1つを自分たちで使って試して、お客さまには正直なアドバイスを心がける。

からたくさんの情報を発信出来ます。

また、独自のフェアトレード商品の開発もやっていきたいですね。

焦らず、ゆっくり、直感を信じて、自分のペースでいくことを大切に、お客さま、スタッフと共に成長していくアースジュース。今日もお店には命の通った商品が世界各国から届いています。

搾取せずに生産者に公正なお金が支払われることは、本当は当り前であるべきこと。フェアトレードが特別なものでない世の中になるように、アースジュースで織られていくタペストリーの移り変わる絵を楽しみながら、これからも一歩ずつ進んでいきたいと思います。

ニューヨークの大学で彫刻を専攻。在学中より、中米、アジアなど各国を訪問。ストリートチルドレンとの出会い、貧富の差を目の当りにして「何が出来るだろうか」と自問を始める。帰国後、フェアトレードの勉強会に参加し、その考えに共感。すぐにショップ開店を決意する。1カ月半の準備期間を経て、2002年にアースジュースをオープン。商品1点1点に宿る作り手の思いを伝えたいと活動する。

アースジュース
店長
住田　綾さん

●アースジュース（Earth Juice）
フェアトレードセレクトショップ
http://www.earthjuice.net/

フェアトレード商品を中心に地球に優しい商品を扱うセレクトショップ。

〒185-0012
東京都国分寺市本町4-13-12-1F
TEL＆FAX／042-321-3214
営業時間／11:00〜19:30　不定休

魅力ある商品は、見ているだけでも楽しくなる。

新たな取り組み①

エクアドルの森や村と日本をつなげる

スローウォーターカフェ

初めて訪れたエクアドルで感じたこと

大学生の時、「エコツアーがあるよ」と誘われて行った先がエクアドルでした。声をかけてくれたのは辻信一さんという、日本に「スローライフ」を広めた環境活動家の教授。「文化とエコロジー」をテーマに決め、辻先生の研究室に入ってすぐのことでした。

バックパックを背負って初めて踏み込んだエクアドルは、人も自然も色も音もごちゃごちゃに混ざった、これまで経験したことのない光景。単純にカッコよかったです。以降、毎年通い、エコツーリズム、パーマカルチャー、環境教育といったプロジェクトに参加し、たくさんの素敵な人に出会いました。中でも最も影響を受けたのが、インタグ地区にあるフニンという村の、後に村長になるエドムンドという男の子でした。

10年以上も前のこと。村を流れる川の上流で、日本の0

●パーマカルチャーとは

パーマカルチャーとはPermanent（永続的な）とAgriculture（農業）＆Culture（文化）の合成語。1970年代にオーストラリアの学者ビル・モリソンとディビッド・ホルムグレンが、生態学的にも経済的にも自然循環が成立する持続可能な環境デザインとして提唱した言葉。

DAによる鉱山開発が行われることになりました。9つの村と森が無くなるという、環境破壊型の開発計画です。そこで村の人たちが集まり、「自分たちはこれからどうするべきか」と話し合いの場を持ったのです。その時出た結論は、「開発はNO、森を残すことを選ぼう」ということ。それまでは焼畑をしたり、町に売るお酒を造るためにサトウキビの大きな畑を作るなど、もともとあった森を壊して暮らしてきたけれど、これからは森に寄り添って暮らそうじゃないか。エドムンドたちは土壌を弱める焼畑やサトウキビの代わりに、昔ながらの森林農法でコーヒーを植え、女性たちはカブヤ（サイザル麻）をもう1度編み始めました。

けれども鉱山開発の計画は、村の人たちに全く知らされず、エドムンドたちは何度も話し合いを求めましたが無視され続けました。そしてとうとう彼らは行動を起こしました。開発の拠点であるキャンプから人のいなくなった時を見計らって機材を運び出し、火をつけたのです。ギリギリのところで彼らは意思表示をし、その結果、鉱山開発は中止になりました。

私は、村ではコーヒー作りのお手伝いをしました。昔からの森林農法は森を活性化させます。コーヒーをバナナ、

インタグ地区では、森林農法のコーヒー栽培の他に、自生するカブヤ（サイザル麻）を使った製品作りにも取り組んでいる。バッグやマットなどのカブヤ製品を作っている女性グループ「ムヘレス・デ・カブヤ」とのミーティング風景。赤ちゃんも参加する。

カブヤ船型バッグ

パパイヤ、アボカドといった他の植物と一緒に植えます。隣の樹の落ち葉が肥やしになり、クモの巣が害虫を防いでくれる。背の高い木が日陰を作り、香り高い豆が出来る。こうして作られたインタグのコーヒーはとても美味しいんです。活性化された森では、たとえコーヒーが採れない年でも、果物や芋などが採れます。村の人たちは「食べられる」森を取り戻したんですね。

その「インタグコーヒー」をスローウォーターカフェでは販売しています。村の人たちは、コーヒーの森とこれからも共存していけるように、収益の５％を現地の環境ＮＧＯに寄付し、貴重な森を守る活動に役立てています。

じつはインタグ地区ではその後も争いが続きました。もともと豊かな天然資源の眠っている地域。政府は外貨獲得を目的に、この地域の採掘権を外国企業に売ろうとしました。そして開発側と住民たちの衝突が何度も起きました。でも、住民たちの粘り強い抵抗とフェアトレードが実を結び、２００７年10月には鉱山開発計画が停止することがようやく決定されました。コーヒーが森を守ったんです。

貧困を作り出す環境破壊を止める

国連の統計を見れば、赤道直下にある南米のエクアドルという小さな国は貧困です。子どもの死亡率も高いし、栄養価も不足している。だけど皆日本人よりずっと生き生きしているし、「こんな風に暮らしたい」という理想に妥協しなかった。

「貧困だから雇用を」と言いますが、雇用を盾にした、開発による環境破壊が一番の問題です。例えば鉱山開発や、マングローブ林を切って輸出用のエビの養殖池を作ること。開発されれば森が壊される。資本が入ってくると貧富が生まれる。そうなる以前に、森を壊さない、森と人がつながっていれば、お金は無くても大きな安心がある。そうしたことを大事にする「森を守るフェアトレード」を展開したいです。

先進国での大量消費によって、エクアドルでは90%もの原生林がすでに消失しました。例えば日本には550万台の自動販売機があり、そこで使われる電力と缶を作るための電力を総合すると原子力発電2基分にもなるんです。こうした大量生産や消費を抑えなければ、豊かな森は無くな

ハチドリの話

アマゾンに伝わるこんな神話がある。

ある時、アマゾンの森が燃えていた。大きくて強い動物たちはわれ先にと逃げて行った。

しかしクリキンディ（金の鳥）と呼ばれる小さいハチドリだけが、そこに残った。

そして、口ばしに1滴ずつ水を含んでは、飛んで行って燃えている森の上に落とした。

また戻ってきては、水滴を持って行く。それを繰り返すクリキンディを見て、大きくて強い動物たちは馬鹿にして笑った。

「そんなことをして、森の火が消えるとでも思っているのか」

クリキンディはこう答えた。

「私は、私に出来ることをしているの」

私たち1人1人は何が出来るだろう。

スローウォーターカフェの取り組みでもあり、問いかけでもある。

ってしまう。日本の私たちがモノを大切に使うことで、森が無くなるのを食い止めることが出来るはずです。そういった背景からも、スローウォーターカフェでは繰り返し使えてゴミにならないハチドリ印の水筒やお箸、エクアドルの女性たちの編んだ水筒ホルダーを提案してるんですよ！

エクアドルのモノ作りの心を日本に伝える

２００３年にスローウォーターカフェを設立して6年目、卸し先は１５０店舗、年商は約３０００万円です。収益の１%を、設立のきっかけにもなった日本とエクアドルで環境運動を展開する「ＮＧＯナマケモノ倶楽部」に寄付しています。ナマケモノ倶楽部の活動を通して、エクアドルの森を環境破壊から守りながら、作り手と一緒に商品を企画し、その商品を輸入、販売しています。私たちが直接手をつないでいるのは、エクアドルの４つの豊かな森と共に暮らしている10の作り手のグループです。

４つの森は、いずれも「ナマケモノ」の暮らしている森。スローウォーターカフェのロゴにもなっているナマケモノはエクアドルに住む動物ですが、1日に手のひらくらいの大きさの葉っぱを3枚しか食べないんです。筋肉もなるべ

エクアドルの先住民キチュア族の知事、アウキ・ティトゥアニャさんから聞いた神話をもとに、カナダの先住民ハイガ族のアーティスト、マイケル・ニコル・ヤグラナスさんがロゴを作成。

く使わずにエネルギーの消費を抑えて木の上で暮らしている。それでウンチをする時だけ木からスルスルと下りてきて、土に穴を掘ってウンチをしてそこに葉っぱをかぶせるという、じつに省エネな生き物です。

森林農法のコーヒーやチョコレートの他に、様々な編み模様が美しいカブヤ（サイザル麻）のバッグやベルト、ap bankの融資を受けて作っているタグア（象牙椰子）のアクセサリーにも注目が集まっています。商品の魅力が広まり、フェアトレードショップだけでなく、レストランやカフェ、百貨店や生協など、様々な店でお取り扱いいただいています。

今は社員3人の小さなフェアトレード会社。大きな会社は大きな事業を通してフェアトレードを広めることが出来ます。でもスローウォーターカフェではその特徴を活かして、小さなたくさんの出会いを大切にしながら、作り手と買う人がつながる楽しさ、エクアドルと日本がつながる喜びといったことを伝えていきたいと思っています。

バレンタインの日、デパートに唐辛子入りチョコが並んだ！

映画『ショコラ』を見て、古代アンデスで愛の媚薬とさ

●ap bankとは
http://www.apbank.jp/

自然エネルギーをはじめ、環境に関する様々なプロジェクトに融資を行う非営利組織。坂本龍一、小林武史、櫻井和寿の3名が自己資金で設立。

れていたレシピをヒントに開発した「アヒ（唐辛子）・チョコ」。作っているのは3500mの高地にあるサリナス村の人たちです。

20年前は過疎の村。やせた土地では農業も出来ず、出稼ぎに行く人ばかり。そこにイタリア人の神父さんが、村の1軒1軒に牛を寄付しました。ミルクを絞り、チーズを作り、それが評判になってエクアドルの国内で売られるようになったのです。収益で、村をよくするために「食品加工」という産業が選ばれ、近隣の有機農産物、マッシュルームやチョコレートなどの加工工場が出来ました。アヒ・チョコはそんな工場で作られています。日本のフェアトレードのチョコレートで、製造から梱包までカカオ産地で行っているものは他にありません。

カカオの原種に近いカカオ・ナショナル・アリバという品質の高い森林農法の原料を使用。チョコレートを入れる唐辛子型の毛糸パッケージは、仕事が無いと悩んでいた村の女性たちに手作りしてもらいました。少しずつ増えて、今では300人の編み手がいます。

1つ1つ形が微妙に違うカラフルな「アヒ・チョコ」が、数年前からバレンタイン商戦の仲間入りをしています。「恋も南米の暮らしも応援」というタイトルで、朝日新聞の一

アヒ・チョコ。タグに描かれているのがスローウォーターカフェのロゴ、ナマケモノ。

面トップに掲載されたこともあり、年間に1万本は出る、人気商品です。

かわいいパッケージが目を引くのもさることながら、お客さまたちはチョコレート作りの背景を伝えるストーリーに興味を持って買ってくださるようです。コクのあるチョコレートと唐辛子のコントラストは、はっとするような美味しさです。

そんな日本のお客さまの声を現地の仲間に伝えながら、さらに楽しい商品を作っていきたいですね。今年は現地に腰をすえて、じっくり商品開発に取り組んでいきます！

藤岡亜美さん

スローウォーターカフェ代表

東京生まれ。明治学院大学国際学部卒業。学生時代から環境=文化NGOナマケモノ倶楽部の理事を務めるほか、ボランティアとして南米エクアドルでエコツアーのプロジェクトに参加。卒業後、有機コーヒーの焙煎と雑貨等の輸入販売卸業を開始する。ETIC.主催の日本初の社会起業家コンペ「STYLE2002」で優秀賞・感動賞を受賞し、2003年に23歳でスローウォーターカフェ有限会社を設立。エクアドルの森と共生する村人たちと有機農産物や自然素材を使った商品を開発、日本との間でフェアトレードを行っている。

●スローウォーターカフェ
http://www.slowwatercafe.com/

森を守るフェアトレード商社。南米エクアドルで環境破壊から森を守る作り手たちと、コーヒー、チョコレート、象牙椰子や、カブヤ（サイザル麻）の雑貨を共同企画し輸入。フェアトレードショップ、雑貨店、生協、百貨店などへ卸すほか、自社店舗、ウェブでも販売。焙煎にこだわったコーヒーや、ハチドリ印のブランディング、はっとするような商品デザイン、手書きのロゴなどで新しいフェアトレードの可能性を開拓中。売り上げの1％を母体である「環境=文化NGOナマケモノ倶楽部」に寄付。20代の女性だけで起業、運営している。

●環境＝文化NGOナマケモノ倶楽部
http://www.sloth.gr.jp/

新たな取り組み②

作った人のこと、その人が住む村のことも知ってほしい

●プエンテ

NGOのスタッフとして訪れたボリビアで——「援助って何だろう？」

私は以前、NGOのスタッフとして1年近くボリビアの高地に滞在していました。標高4000メートルの山村に、識字教育などが行える小さな建物を建てるプロジェクトの調整役に志願し、日本から派遣されていたのです。

プロジェクトが進行し、村の生活が少し分かってくると、「彼らの生活に、この建物はどういう意味を持つのか」と改めて考えるようになりました。住民は資金提供を受けるだけでなく、一緒に体を動かして作っているとはいえ、住民の主体的な動きでプロジェクトが出来た訳ではありません。援助する側と援助される側という構図が見え、戸惑いました。

ボリビアでは多くの国々から数々の援助が行われていま

したが、ボリビアの国内NGOの中には、NGOが存続し続けるためにプロジェクトを作り出すというような疑問を覚えざるをえない現状もありました。「プロジェクトの受益者である経済的に貧しいとされる人々は、自分たちで出来たはずの力をも削がれてしまうのではないか」。そういう思いが次第に強くなり、「いったい援助って何だろう」と考えてしまったのです。

日本の国土の3倍もあるボリビアには、多様な民族が暮らし、それぞれに豊かな文化があります。訪れたアンデスの村では自然と調和した農業や放牧を営み、家族や村全体で助け合いながら皆が暮らしていました。そして、女性はアワヨと呼ばれる伝統的な織物を織り、男性は衣服を作り刺繍をほどこすという技術を持っていました。新しく作ったそれらを村の祭りで披露し合うのです。身の回りのモノを自分たちで作り、おしゃれを楽しんでいる。日本人の自分には無い生活の豊かさなのではないか。私はその細やかな技術と、伝統的技法ながら独創的なデザインにすっかりほれ込んでしまいました。この巡り合いがプエンテを始めるきっかけになっています。

ミトンになる手袋（アルパカ100％）

手紡ぎ3色ベスト（アルパカ100％）

一方、国の政治や経済は欧米の血を継いだ一部の人たちを中心に動かされており、先住民の血を引く人たちとの間には明らかな貧富の差がありました（先住民出身の大統領が２００６年１月に誕生して、現在、先住民の地位向上を目指す動きがやっと出てきたところです）。白人の血をいかに多く受け継いでいるかどうか。都市に暮らす人かそうでない人か。ありとあらゆる差別が存在し、そのために、差別される人が生き辛い状況があるように思いました。

私が出会った山村の先住民の人たちは、自分たちの土地では誇りを持って日々暮らしていますが、子どもの教育や病気の治療など現金を稼ぐために、出稼ぎで一時的に都市に行くことがあります。中には都市へ移り住む人もいます。

しかし、都市では差別を受け、いい仕事にありつけない現実があります。農村に帰れば家があるはずなのに、中には職業として「物乞い」をする人たちもいます。都市と農村での先住民の人々の立場の違いに私は大きな違和感を覚えました。

異国からやって来た私はこの国の人たちと「援助」以外の方法でどう付き合っていけるのだろう？　彼らや彼女らの持つ技術を活かして、お互いに生き生き暮らしていけないだろうか。そんな思いから、ボリビアの先住民の人たちに

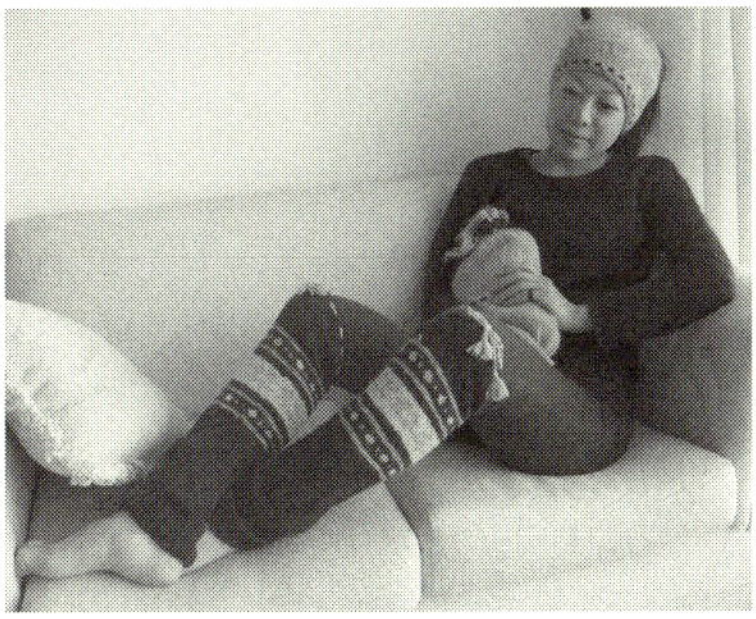

レッグウオーマーと湯たんぽカバーになるネックウォーマー。
モデルが抱えているのは外ではネックウォーマーや帽子として、家では湯たんぽカバーとしてアンデスの高地に滞在中、いつも使っていたモノです。

よる手作りの雑貨や衣類を日本で販売するビジネスを始めることにしました。

そして大好きになったボリビアの人たちのこと、彼らの暮らしや素晴らしい文化を、もっと日本の人に知ってもらいたいと考えたのです。

どこまでやったら「フェア」になるんだろう？

始めた当初は「フェアトレード」を念頭に置いていました。国際フェアトレード連盟に登録されている生産者団体に3年間少しずつ注文をしていましたが、いつも出来上がってきたのは注文とはかなり違うモノ。すると最終的には「あなたはお金持ってるんだから買ってよ」という態度を見せるのです。「フェアトレード」を「援助」と取り違えているなと感じました。

ボリビアの国内NGOと取り引きしたこともあります。そこで見たのは、NGOが生産以外で必要な経費を全て持ち、作り手たちに仕事を持ってくる、作り手たちはそれをずっと待っているだけ、といった関係でした。NGOが何でもやってあげる状態では「作り手の自立」が、意識的に芽生えることすら難しいように感じました。ここでも「援助」の影を見てしまいます。プエンテは現在、この作り手たちとは将来的にＮＧＯから独立することを前提にお付き合いしています。

別のところでは、ボリビア人のおばさんが「女性の自立」をうたい文句に、自ら編み子さんを雇って生産活動をしていました。でも実際に編み子さんたちに払っていた額は、私が聞いていた編み賃よりもずっと低かったことを知り、がっかりさせられたこともありました。責任ある立場の人への対価は当然必要だと思っています。しかし嘘をつかれると信頼関係が持てません。

一方では、まとめる立場にいる人に対して十分な対価が払われないために、組織が上手く機能していないところも多くあります。上下関係ではなく、皆が対等に意見が言い合えるというのは理想的ですが、皆自分により多くの支払いが欲しいと、まとめ役の仕事への報酬をあまり認めたがらないのです。そういう状況ではまとめ役もやる気が続かず辞めてしまいます。そしてこちらは新たなまとめ役の人と一から出直しすることになってしまいます。

そういった経験の中で、今度は「フェアトレードとはどうあるべきか」が分からなくなってきました。例えば、生産者団体と取り引きしなければフェアトレードじゃないのか？　NGOが必要な経費をまかなって生産しているグループは小さな家族規模のところよりも「フェア」なのか？　支払価格の割り出し方も都市と農村では違う。その土地の物価を本当に肌で分からずに適正な価格をどうやって出せるのか？　いったいどこまでやったら「フェア」になるんだろう？　誰が「フェア」と決められるのだろう？

また、日本での販売を通じて、「フェアトレード＝援助」と解釈している個人のお客さまがけっこういることに気づきました。

プエンテは「援助」はしていない。「対等に付き合いたい」と思っています。自分が「フェアトレードって何だろう」と考えていて答えが出ていないので、今の時点では「フェアトレード」という言葉は使わなくてもよいのではないか、と思うようになりました。

そんな状況の中で、プエンテがやりたいことを整理したんです。それは「自然素材」と「手作り」にこだわり、「作り手と買い手をつなげたい」ということでした。

作り手のことを買い手に伝える

今までは作り手との関係作りやモノ作りに時間がかかり

1年の半分以上を現地で過ごしていましたが、これからは日本での営業活動にも力を入れたいので、現地での滞在期間を短くしていく予定です。

ボリビアで拠点にしているラパスという都市から車を乗り継いで6時間、隣の国のペルー・プーノの女性たちとの付き合いも2年前から始めました。国境はありますが、ラパスにもプーノにもアイマラ語族の先住民の人が多く暮らしています。

現地では、こちらの考えたデザインで作り手とサンプルを作り、素材を揃え、本生産。生産途中にはチェックをし、納品されたモノを検品し、必要があればやり直し。タグを作り、日本へ発送するという一連の仕事を行っています。いくつもの生産者団体と付き合いがあるので、アマゾンの低地からアンデスの高地まで４０００ｍと高低差のある各地を移動する日々です。出来るだけ作り手の家に寝泊りさせてもらったり、仕事以外のお付き合いもよくしています。彼らや彼女たちの生活を体で感じることが出来たらいいなと思っています。

生産中のハプニングは数えきれません。一緒に作ったはずの型紙もいつの間にか大きくなっていたり、リーダーのおばさんに説明しても違った内容が作り手たちに伝わって

●ペルーの作り手たち
アルテ・アイマラ
Arte Aymara

標高４０００ｍ、チチカカ湖畔にあるプーノへ向かうバスの中でたまたま隣に座ったのが、この団体の会計係をやっているベルタさんでした。バスの荒い運転にもかかわらず、手紡ぎの毛糸を使ってミトンを編んでいたので、話しかけてみたのです。

アルテ・アイマラは村単位のグループが11集まった生産者団体です。5グループはアルパカを放牧している村。作り手たちは手紡ぎのアルパカで商品を編んでいます。プーノの事務所での打ち合わせに来るのは、各グループの代表者。中には1日がかりで来る人もいます。農業や放牧を営みながら、現金収入の為に編み物をするという生活を送る先住民の人たちです。

いたりなど。編物は人によって目の細かさが違うので、「長さをまめに測ってほしい」とお願いしていますが、皆、大らかですからあまり気にしないんですね。日本で販売するためには品質やサイズの要求は細かくなります。それをきちんと伝えるために、農村で生きる彼らや彼女たちの考え方、時間の捉え方をもっと理解していきたいです。

今、作り手たちとは、お互いに思いやりを持てる付き合いを目指し、少しずつ信頼関係を築いています。ここでいう思いやりとは、「プエンテは頑張って商品を企画して、売り続けるから、作り手たちにも努力していいモノを作ってもらう」という意味です。

こうして皆が作った手作りのモノを介して、地球の反対側に暮らす作り手に思いを馳せてくれたら。その思いから、商品につけたタグには作り手のエピソードやどうやって作ったのかを書いています。また、ブログやイベントなどを通じて現地での体験を伝えています。

販売はモノ作りを大事にしているショップに卸したり、展示会やイベントに出店して直接販売をしたりしています。もっと新しい卸し先を見つけるため、商品を持って日本中駆け

ペルーの作り手たち、アルテ・アイマラのメンバーと祭りに参加。

アンデスの高地に生息するアルパカ。

巡りたい。そのためには、卸し先への商品の発送や商品の直しに多くの時間がかかってしまう現状を、営業にもっと時間が割けるような体制に変えていくことが課題です。

それから、日本で使ってくださるお客さまの声も、もっと作り手たちに伝えていきたいですね。「作る人と買う人をつなげたい」。これは双方向のつながりですから。

プエンテ

落合裕梨《ユリ》さん

大学で建築学専攻。フリースクールの設計課題をきっかけにオルタナティブ教育に関心を持ち、卒業後、ボリビアで識字教育のための場所作りを行うNGO「学び舎づくりの会」に参加。2002年から10カ月間、調整員として現地に滞在。先住民の豊かな伝統の技にほれ込み、手仕事でボリビアの人々と関わりたいと思い、帰国後「プエンテ」を立ち上げる。最初の3年間は毎年半年以上をボリビアとペルーで過ごし、作り手との関係作りやモノ作りに励む。現在は日本を拠点にして販路拡大に努める一方で、毎年約3カ月は現地に赴き、作り手の組織化と商品開発に取り組む。現地滞在の際はボリビアのラパスに拠点を置き、ボリビア人女性3人とルームシェアをしている。

●プエンテ（PUENTE）
http://www.puente1uno.com

ボリビアとペルーの先住民の生産者たちと共にモノ作りを行い、商品を日本に輸入、販売を行う。自然の素材を使い、作り手の温もりが感じられる商品を通じて、買い手の人たちがボリビアやペルーの人たちの暮らしと「つながる」ことを目指す。その願いを込めて、スペイン語で「橋」を意味する「プエンテ」をブランド名に。

新たな取り組み③

途上国発のブランドを創る

●マザーハウス

なぜフェアトレードではなくてビジネスなのか

先進国と途上国の間でやってきた貿易を「フェアじゃない」とは言えません。なぜなら貿易はお互いの合意のもとで成り立つ「フェア」なもののはずですから。

今、言われている「フェアトレード」は生産者を支援することが目的です。貧しい生産者を支援するために買い叩きは止めようね、ということだと考えています。

バングラデシュの首都ダッカでは三井物産でインターンとして働いていましたが、実際貿易の世界では、大企業は安いモノを求めていて、「バングラデシュなら中国の何分の1で作れる?」というのがベースにあります。ジュートの工場でもまず「安く作る」というのが外国人バイヤーのスタンス。それは違うなと感じていました。

途上国の生産者の暮らしがよくなったら、もちろん素晴らしいと思います。そのための支援がフェアトレードの目

●マザーハウスのバッグが出来るまで

①素材いじり

マザーハウスのバッグは素材の良さを活かすことがデザイン軸。そのため、メイン素材であるジュートの面白い加工やユニークな表現の仕方を考えることからスタート。洗ったり、焼いたり、ぐちゃぐちゃに丸め込んだり…。

②デザイン

ジュートの加工が決まると、山口を中心にデザイン画を作成。機能面では、日本のお客さまの声も最大限反映する。鉛筆で走り描きしたラフスケッチで商品全体のイメージを表現する。何十枚ものラフスケッチを全て並べ、ジュートの生地との相性や縫製方法など話し合いながら、最終的にディテールまで詰める商品を何点か選定する。

選定した商品について、ジッパーの引き手のデザイン、内側の

的であるのに対し、私たちは商品を売ってお客さまに満足を提供することが最大の目的です。その先に生産者の生活があると考えています。このようにフェアトレードと私たちのしているビジネスとでは、目的がまず違うのです。

バングラデシュには日本人のバイヤーと取り引きをしているフェアトレードの生産者団体がたくさんありますが、果たしてその商品を消費者が本当に買いたいかを考えると疑問です。生産者の満足があっても、消費者の満足がなければやっぱり一方通行の片思い。消費者が満足してこその生産があるべきで、その部分はフェアにならないといけないと思います。「かわいそうだから」という気持ちで買っても、使わないでタンスにずっとしまわれているのは果たしてフェアなのだろうかと考えてしまうのです。

それなら商品開発の技術を高めて、消費者が喜ぶようなモノを作ればいい。でも開発援助の一環としてフェアトレードをやっていると、商品開発や品質向上までなかなか手が回っていないように感じます。それに寄付をベースに活動していると、商品開発に必要な新しい機械を買うといった決断や投資が、スピーディーに行えないという難しさがあると思うのです。

私の目標でもある「バングラデシュでかわいいバッグを

ポケットの構造、ロゴのポジションなどのディテールを詰める。実際に生地を裁断し、部分的に縫製しながら検討を重ねる。時間と忍耐力が必要とされる工程。

③パターン

ディテールが決まると、デザイン画をもとに詳細な図面を仕上げる。図面は、３方向の寸法だけではなく各パーツのサイズやステッチの位置なども全て数字で書き表す。建築でいう製図のようなもの。

図面に基づいて小さな紙の模型を作る。これで、実際のシェイプをより把握することが出来る。

模型が上手くいけば、今度は実際の生地を使い、小さなバッグを作成する。この段階ではメインの縫製のみして、細部はテープなどで止めるなどで試行錯誤を何度も出来るようにしておく。

イメージ通りにいくと、実際のバッグのサイズに合せて型紙（パターン）を作る。

このパターンをもとに実際のバッグが作られるため、１㎜のズレも許されない。わずかなズ

作る」のはやっぱり難しい。「えっ、これってバングラデシュ製なの？」と驚いてもらえるような商品を作るには、やはり企業として行うべきだという結論が自分の中にあります。企業は商品を売ることが第一目的で、売るためには品質を上げなくてはいけない、というじつにストレートなロジックを持っているからです。「かわいそうだから」といったアプローチから外れて、「Made in Bangladesh」というタグをつけたバッグを女性たちが本当に欲しいと思って買ってくれるように。そのためにはビジネス対ビジネス、企業対企業でやっていくのがベストだと考えています。

ビジネスでやることに固執する意味がもう1つあります。それは私たちが、暮らしの底辺にいる一部の人たちや1つの貧しい村を救うことを目的としているのではなく、こういった貧困を生み出す社会を変えることを目的にしているからです。

今のバングラデシュは汚職がはびこっています。この社会を変えなければ、人々の生活はよくなりません。その「社会を変える」という行動の主体になるのは、じつは政府やNGOではなくて経済力だと思っています。バングラデシュは不思議なところで、ビジネスマンが多く住んでいる地域にはストライキがなく、治安もいい。それはビジネス

レで、完成品に歪みが生じることもある。現地工場長ソエルは最高のバングラデシュのパタンナーとの評判。

④サンプリング

パターンが出来たら実際のシェイプに切られた型紙と詳細なデザイン画を持って、サンプルを工場に依頼する。

この時点で思いもよらなかった問題が分かったりすることもある。また生産工程を踏まえて提案をしないといけない。

生産では、ナイフを作成し、機械で裁断をするが、この段階では手で裁断を行い、サンプルを作る。

そして出来上がったのが1度目のサンプル。裏地やハンドルはこの時点では、縫製していない。芯材（バッグのシェープを保つ芯）の入れ具合などを調整するためである。

⑤ディテール

出来上がったサンプルを見て、細部の調整を行う。特に商品コンセプトを表現する上で欠かせないデザインについては、その

マンが政治家に対して発言力があるからです。外貨を稼いでいるという力があるから、「自分たちのエリアではそういうことやるな」と言えるのです。つまり経済セクターが強くなれば、政治に頼らなくても、皆は稼ぐ手段を持てるようになり、今よりも自立することが出来るはずなのです。

マザーハウスが取り引きをしている工場も当初の4人から今では約10倍。将来もっと規模が大きくなるにつれて工場長の発言力も増していくでしょう。それが1つのモデルとなって、同じような工場がたくさん出来れば、自然に経済が循環し、皆が自立し始めて、援助を必要としなくてもやっていけるようになる。そういう道筋を描きたいと考えています。

そのためには規模を大きくする必要がある。マザーハウスも最初は個人商店でしたが、株式会社にしてスケールアップを図り、メリットを出すという仕組みを作りました。

工場で働く人たちの意識が変わった

ある日突然外国人バイヤーが来て、「これを作れ」という指示を出し、何万個という単位でオーダーしていく。その要求をこなすだけの仕事をする。それが今までのスタイル

部分の型紙を数パターン作成し、ベストなものを選び、再び1㎜レベルの修正を行う。

⑥サンプル完成

2度目、3度目のサンプルを繰り返し、最終サンプルが出来上がる。

サンプルが出来たら今度は強度試験。バッグの中に1個1・7kgのレンガを10個入れ、天井からゴムで吊り下げる。そのまま数日間。またその後スプリング試験を行うために、1時間に1度ゴムを数10回伸縮させるなどして、バッグの強度を測る。その後はまず自分で持ってみて、使い心地がいいかどうか、自分自身が納得したモデルが生産ラインに乗る。

⑦ナイフ制作十裁断

裁断に必要なナイフを作成する。日本でもバングラデシュでも、裁断は職人が専門の刀で1枚1枚切るが、マザーハウスでは均一のサイズや品質を保つために、コスト

でした。
マザーハウスでは工場長や職人と一緒にデザインを描き、バッグを作っています。商品は私たちだけのオリジナルであり、バッグには誇りを持って「Made in Bangladesh」と記すことが出来る。それはお互いにとって、とても気持ちのいいことです。

私はバングラデシュの工場へ行く度に、「日本のお客さまはこう言ってたよ」とか「こんな記事が出たんだよ」と伝えるのですが、工場長も職人も皆、興奮します。なにせ自分たちが作ったバッグが海の向こうで反響を呼んでいるのですから。早く彼らに日本を見せてあげたい。そしてお互いの意識をより近づけて、もっと日本の消費者に受け入れられる品質の高い商品を作りたいと思っています。

工員に対しては、最初「分かってほしい」とか「理解してほしい」という気持ちがありました。でも今は「分からなくてもいいや」と思っています。なぜなら彼らにとって一番大事なのは稼ぐことであり、日々の生活を守って自立していくことだと気づいたからです。もっと大切なのは、私がよそ者ではなく仲間であり、皆で作り上げていくという気持ちが生まれることだと思っています。

小さな積み重ねが、ようやく花開こうとしています。工

がかかってもナイフの金型を作る。完成したナイフを裁断用機械にセッティングし、ジュート、革、裏地のプレス裁断を行う。

⑧金属加工

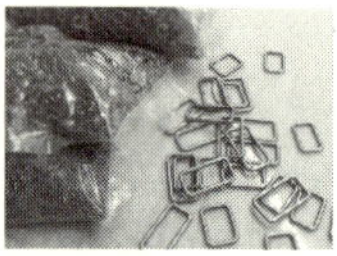

ナイフと同時に金属加工を行う。マザーハウスでは自然な風合いを活かすために極力、金属を使わないが、リングやリベットなど必要なものは工場内で溶接し、ジュートの風合いに適したアンティークブラスの色に染める。

⑨縫製

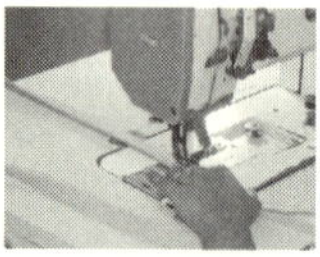

ジュート、革、裏地、ジッパーが揃い、ようやく縫製作業に。ドイツ製の最新型ミシンで女性の工員たちが、それぞれの生地に合う強さの糸を選び、1つ1つ丁寧に縫製する。

縫製され、バッグの形になる。ジュートで出来た胴体部分と、革のストラップを金具で接合。

員たちの間で、「お客さまの満足を考える」ということが分かり始めているのです。最初の頃、例えば小さな糸がピッと出ているのを見て、私が「これじゃダメ」と言います。すると「何でなの？」となるわけです。そこで「お客さまだったらどう思う？」と逆に投げかけると、イヤイヤ修正をするといったやり取りがありました。でも今では、私が検品する前に皆が検品しているのです。しかも皆で検品のリーダーまで選んでいて、そのリーダーは若い人たちに「こうやんなきゃいけないんだよ」とやり方を教えている。自主的にミーティングも開いたりもしています。皆が自主的に向上を目指している。バングラデシュに戻る度に、その向上心には驚かされます。

マザーハウスに共感してくれる人たちに囲まれて

百貨店でマザーハウスのバッグを置いていただいているのですが、売り場には高校生からおじいちゃんやおばあちゃんまで、本当にいろいろな世代の方が訪れてくれます。「どうして私たちのバッグを持ってくれるんだろう？」と考えるのですが、やはりそこにはコンセプトがあって、ストーリーがあるからだと思います。私たちは本当に現場に入

コットン製の裏地をつけ、バッグが完成。最後に、返し縫い部分のミシン糸を熱処理する。

⑩ロゴ焼き＋タグつけ

ロゴの焼印をする。バッグ内側のポケットの上につけるものと、バッグの外側に金属チェーンでつけるもの、ジッパーの引き手につけるものの3種類がある。Motherhouseという文字やロゴの金型をプレス機械にセットし、各サイズに裁断した革に手作業で焼きつける。同様に焼印されたタグもバッグに取りつけられる。

⑪検品

最後は検品。ロゴの位置、糸の処理、接着のりの処理、ステッチの荒れ、焼印がきちんとプレスされているか、金具に不備はないか、ジッパーはきちんと動くか、などを1つ1つチェック。全ての項目に合格したバッグだけが梱包される。

⑫梱包

輸出の際、バッグの型崩れを

り込んで、企画から素材選びまでやっているので、全ての情報をお客さまにもしっかり伝えることが出来る自信があります。ただのバッグメーカーではないという背景が百貨店も新鮮に映るようで、それが小さな会社にもかかわらず取り引きをしていただける理由だと思っています。

この1年で社員がぐんと増えました。ほとんどが大企業を辞めてまでして入社してくれた優秀な若い人たちです。マザーハウスは生産者、消費者とダイレクトでつながっています。生産者と電話で話し合うこともあるし、お客さまの声を伝えることもある。そういった意味で自分のスキルと社会がリンクしていることをしっかり実感出来る。そこにモチベーションを見出してくれるのだと思います。

皆、「絶対大きくなると思う」と言って入社してくれました。実際かなり急激なスピードで会社は成長しています。学生さんからも「こういうことが、したかったんです」といった声を聞くことが多くなりました。

マザーハウスの夢は？

日本以外でも世界的に通用する商品を作りたい。今はバ

防ぐためにクッション材を入れる。マザーハウスでは使っているのはバングラデシュの新聞。バングラデシュで生産されたこと、現地で起きていることを伝える目的もある。

日本でお客さまに買っていただいたバッグは、無染色キャンバス地で中央に革のロゴがついたマザーハウス特製パッケージに入れる。最後の最後まで高品質を維持するために妥協しないという姿勢でバッグ作りに臨んでいる。

●マザーハウス入谷店
〒110-0013
東京都台東区入谷1-20-10　金子ビル1階
TEL&FAX／03-3876-8433
営業時間／11:00〜20:00 水曜定休

ッグだけですが、アパレルにも進出したいし、ヨーロッパやアメリカにも進出したい。ファッションというカテゴリーの中で、「私、Made in Bangladeshを持ってるんだよ」と誇らしく言えるような未来を目指したい。マザーハウスはファッションと社会性を融合したブランドという具合に認知してもらえたらいいですね。

かわいそうだから支援するというアプローチではなく、カッコいいから、品質に妥協が無いから、個々の商品に物語があるから、そんな途上国発のブランドが皆に認められるようにしていきたいと考えています。

山口絵理子さん

マザーハウス
代表取締役

高校時代、女子柔道で日本のトップクラスに。慶應大学で開発学に出合い、在学中にワシントンの国際機関でインターンを経験。現場を知りたいという思いからバングラデシュに渡り、日本人初の大学院生として、BRAC大学院にて開発学修士を取得。必要なのはほどこしではなく先進国との対等な経済活動という理念で、23歳で起業を決意。ジュートを使った高品質バッグをバングラデシュで生産し輸入販売する株式会社マザーハウスを設立。フジサンケイ女性起業家支援プロジェクト2006最優秀賞受賞。

●マザーハウス（Motherhouse）
http://www.mother-house.jp/

2006年3月に設立された、バングラデシュのジュートを使ったバッグの製作販売を中心に、発展途上国におけるアパレル製品及び雑貨の企画・生産などを行う会社。2008年3月、2号店となる戸越店が東京都品川区に開店。

『裸でも生きる』（講談社）
山口絵理子著

新たな取り組み④

いいモノ、売れるモノを作る。それが作り手と長く付き合うことにつながる

●トレンサ

留学先のアメリカでメキシコに出合う

18歳でアリゾナの大学に留学。ルームメイトがメキシコ人だったことが全ての始まりです。アリゾナは隣国メキシコからの移民も多く、メキシコムードも強い。それまで抱いていたアメリカのイメージがくつがえされるようなところでした。そこでスペイン語を学び、すっかりメキシコの魅力に取りつかれてしまったのです。

2年の教養課程を終えて帰国。それ以降も会社勤めをしながら、メキシコへはバックパックを背負ってよく旅行に出かけました。ある時、先住民の絵を描く日本人の画家さんとたまたま知り合い、その方の紹介で、念願だった先住民の村での滞在も実現します。その頃から、「本当の豊かさとは何だろう?」と考えるようになり、「自分がやりたいこと、出来ることは何だろう?」と自問自答する日々が始ま

りました。同じ頃、メキシコで日本人移民１００周年のイベントがあり、その画家さんが先住民を描いた作品の個展をするというので、現地で1カ月ほどコーディネートの仕事をしました。その時、「メキシコに関わりたいという思いだけではダメだ。もっとこの国のことを知らなければ」と感じ、勉強することを決意。メキシコに強いアメリカの大学に編入して、ラテンアメリカ学を学んだのです。

アメリカ在住中に、自然派化粧品メーカーのボディショップやアヴェダについて書かれた記事を読みました。アヴェダではブラジルの先住民が伝統的に作っていた紅を口紅の材料に使い、売り上げを彼らの収入につなげているというのです。以前からフェアトレードの存在は知っていましたが、この記事によって、具体的にフェアトレードを通じて先住民の人たちと自分たちが結びつくことが出来るのだと気づき、「面白い！　私にも何か出来るかもしれない」と考えるようになりました。

アメリカではたまたま手に取ったかわいい商品がフェアトレードだったということもよくありました。それほどフェアトレードショップも他の店と変わらずに魅力的で、社会にも普通に受け入れられていたんですね。

フェアトレード部門のある国際協力NGOに就職

帰国を控え、就職先としてメキシコでフェアトレードをやっているところはないかと探していたところ、グアテマラのフェアトレードコーヒーを扱う国際協力NGOピースウィンズ・ジャパンを知りました。商品や国が変わっても学べるものはあるはずだと考えて、就職しました。

本当に多くを学ばせてもらいました。この団体のフェアトレード部の専任職員は2人。作り手とやり取りしながらの商品開発、輸入、営業、販売といったフェアトレードの一連の流れ全てに関わることが出来た上に、部の事業計画や予算管理まで携わらせてもらったのです。3年間の在職中はオンラインショップの立ち上げや現地への出張など、非常にやりがいがありました。

ところがいつしか仕事中毒気味に。旅行先でも商品の売り込みをしたり、休み中も商品開発のことを考えていたりと、夫も呆れるほど頭のどこかでいつも仕事のことを考えていました。残業に次ぐ残業で、家庭もおろそかに。そして自分自身が「フェアトレード」をしていないと感じるようになったのです。「まずは自分が楽しくハッピーにならな

ピースウインズ・ジャパンのグアテマラ産「ピースコーヒー」。

●ピースウィンズ・ジャパン（PWJ）
http://www.peace-winds.org/

ピースウィンズ・ジャパンが運営するオンラインショップでは、グアテマラと東ティモールのフェアトレードコーヒーをはじめ、各種フェアトレード商品を販売。収益はピースウィンズ・ジャパンの活動に役立てられている。

きゃ、家族も作り手も幸せになるはずがない」。そして、いずれは仕事と家庭が両立出来るように、と起業を決めました。「メキシコに関わっていたい」という私の原点に戻って、新たなスタートをすることにしたのです。

起業して1年、ようやく基盤が整い本格始動

２００６年にメキシコのアクセサリー&雑貨輸入事業としてトレンサが始動。まずは作り手を見つけることから始めました。友人の知り合いを紹介してもらったり、ネットで検索したり、現地のＮＧＯから紹介してもらったり、直接村に行って作り手を探すこともありました。意外にも、同じような思いで先住民のために立ち上がっている若い人たちが多いことに気づき、そんな仲間たちとも一緒に商品作りを始めています。

ほとんどの作り手は、都市から離れた小さな村に住んでいます。電話も無く、唯一携帯を持っている人も電池が切れて久しかったり、通話料金の滞納で音信不通になったりして、生産者と思うようにやり取り出来ないのが難しいところです。現地にずっと滞在出来ればいいけれど、日本がベースの私としては現実的でない。今では年に２～３回現

地へ行き、1カ月ずつ滞在するようにして、その間に作り手と何度も会い、話し合って、仕上げるまでやり、商品を持ち帰ってくる、ということをしています。1人ですから、なかなか大変。事業をするという点では、組織の利点を実感しています。

それでも半年前から新しい仲間が増えました。トレンサのホームページを見たアパレル業界での経験も豊富な女性から、「これからメキシコへ移住するので何か手伝わせてもらえませんか？」という申し出があったのです。フェアトレードに対する考え、作り手との関係についての考え、そして「いいモノを作りたい」という思いが重なり、「彼女となら」と、一緒に支え合ってやっていくことにしました。

フェアトレードと言っても、迷うことばかり。トレンサで扱う商品はフェアトレードの基準をベースにしていますが、必ずしもフェアトレードの国際組織などが掲げる基準を遵守出来ている訳ではありません。作り手には彼らのニーズがあり、それを優先しているからです。

例えば素材。ある国際基準では環境に優しい素材を使うことが推奨されています。先住民は伝統的に染料の技術を持っていますが、そうではない村の作り手はすでに着色さ

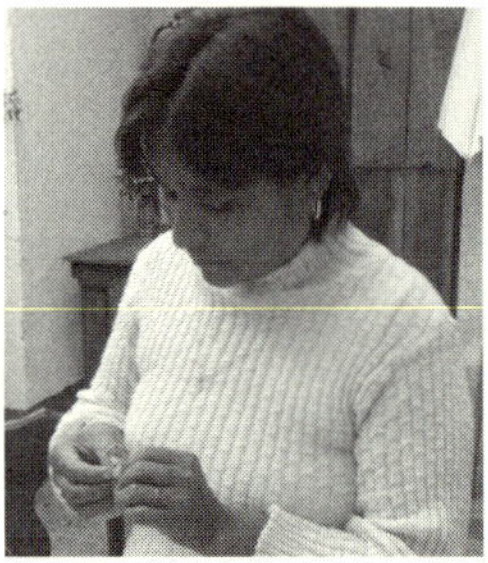

作り手のメルセデスさん

●メキシコの作り手
メルセデス＆
グティエレズファミリー

オアハカ州では数少ないシルバーアクセサリーアーティスト。亡き父親からyalalagという伝統技術とデザインを引き継ぎ、また、それを次世代に残すためにも安定した収入を求めて、日々製作活動に励んでいる。丁寧で迅速な仕事ぶりは定評。小鳥、花、ハート、クロスなどのメキシコらしいかわいいモチーフが中心。新しいデザインにもどんどん挑戦していきたいという、チャレンジ精神旺盛な前向きな作り手。

れた素材しか知りません。今のところ、彼らはその素材で商品を作ることが精一杯で、天然染料を学んだり作ったりする余裕は全くありません。それに天然染料では、メキシコの商品の持ち味であるビビッドな色彩感覚も活かされないのです。最初は天然でない素材を見て「どうしようか…」とためらいました。でも現地ではとにかく作ることで生活のための収入を得なくてはならず、きれい事を言っていられないのです。将来的には徐々に変えられる方向にいけたらいいと思っていますが、まだまだ達するには程遠い。それがジレンマであり課題ですね。

大事なのは作り手とのコミュニケーション、そしていいモノを作ること

私が作り手との取り引きで一番大切にしているのはコミュニケーションです。自分のしたいことを伝え、作りたい商品を伝え、作り手の意見も反映し、一緒に商品を作っていく。土台に信頼関係が無ければ、取り引きは成り立ちません。値段の交渉も支払いも、信頼があってこそスムースにいきます。そういった意味で、私は商品開発にすぐさま入るよりもまず、お互いを理解することを大事にしていま

メルセデスさんが作るシルバーアクセサリー。

す。互いに違う文化を背負っているので100%理解し合うことは難しいですが、お互いに理解しようという気持ちがあれば、困難なことが起ころうとも乗り越えることが出来ると考えています。

その作り手といいモノを作ること。日本で売れるモノ、日本人にとって魅力的なモノを作らなければ、ただの在庫になってしまいます。だから頑張って商品開発をしなければいけません。売れなければ自分も続かないし、作り手も続かないのです。

トレンサの商品開発の基本は「自分が欲しい」と思うモノです。フェアトレードという枠に囚われず、一般のショップに置いてあってもその魅力が光るようないい商品を作っていきたいなと考えています。そのためにも、作り手とだけではなく、使い手とのコミュニケーションも大事にしていかなければと思っています。

商品は手に取ってもらって初めて存在価値がある。フェアトレードを知らない人にも、国際協力に興味の無い人にも、目に留めてもらえるような商品でならなければいけないと思います。そのお客さまたちが、結果としてフェアトレードやメキシコのことを知るきっかけとなってくれたら嬉しいですね。

手法は違ってもフェアトレードとしての目的は同じだと思っています。トレンサの事業を通して、最終的には作り手の雇用と生活向上につながればいい。そのためには作り手と長く取り引きを続ける必要がある。そのためにはやはり、いいモノ、売れるモノを作ることはとても大事だと思っています。

まだまだスタートしたばかりですが、こうして私が起業出来るのも業界の先輩方の軌跡があるからこそ。先輩たちの地道な努力にならって、自分も作り手との長い付き合いを続けていきたいと思っています。

アンダーソン優子さん

トレンサ
代表

神奈川県生まれ。1989年にメキシコと出合って以来、通い続ける人生に。米国アリゾナ大学でラテンアメリカ学を専攻。在学中、メキシコの大学に半年間留学、グアテマラのマヤ先住民女性のフェアトレード組織にて商品開発、生産者調査に携わる。東京、ニューヨークでのアパレル勤務を経て、2003年より国際協力NGOピースウィンズ・ジャパンでフェアトレード業務に従事。2006年、メキシコアクセサリー&雑貨輸入事業「トレンサ」を起業。趣味はラテン音楽&映画、ジョギング。「There is always a way!」が人生のモットー。

●トレンサ（Trensa）
http://trensa.net/

フェアトレードの考え方をベースに、メキシコの伝統的な技術や文化を受け継いだシルバージュエリー、テキスタイルやアパレル、雑貨の企画、輸入販売を行う。異なる文化や思いを編み込み、人と人とのつながりを大事にしたいという願いを込めて、「編み込む」という意味のスペイン語「トレンサ」を屋号にしている。

世界遺産の町オアハカと先住民の手仕事をカラフルな写真と共に紹介した1冊。
『オアハカ・リンド　メキシコのキュートな町』（産業編集センター）
アンダーソン優子著

消費者・市民団体の取り組み①

フェアトレードの理念と生協の活動

●みやぎ生協　国際協力委員会

組合員とフェアトレードの輪を広げる

１９９８年、当時のみやぎ生協の専務より、「フェアトレードの商品を共同購入で扱ってみよう」との提案がありました。翌年５月、共同購入部の衣料品担当の職員がフェアトレード商品のカタログを取り寄せ、その中から夏のＴシャツを何枚か選んで、メンバーに配布するチラシに載せたことが、フェアトレードに関するみやぎ生協での最初の取り組みとなりました。

後日、その担当職員の方がチラシを持って、「思ったほど売り上げに結びつかなかった理由は何だと思いますか」と、私たち生協組合員が組織する国際協力委員会に意見を聞きに来ました。その時私たちは、買い手の視点から「こんなに高かったらダメね」「このセンスはちょっとね」と実のあるアドバイスをしました（笑）。こういった意見も必要と思ったのでしょう、職員の方から「これからは一緒にフェア

国際協力委員会

トレードの勉強をしながら、チラシ作りを手伝ってくれませんか？」と提案がありました。以来、年に４～６回あるチラシ制作の際には毎回、国際協力委員会が商品選定やチラシの校正に関わっています。

こうして国際協力委員会は、以前から関わっていたユニセフに加えてフェアトレードという２本柱で活動するカタチとなりました。

月一度しか顔を合せない委員会ですが、活動の内容も濃く、集中していろいろなことに取り組んでいると思います。まずは自分たちの知識を深めることが必要と考えて、本を読んで勉強し委員会に資料を持ち寄って情報交換したりしています。「フェアトレードで扱っているコーヒーやココアを美味しく飲んでもらうためにはどうしたらいいか？」を考え、仙台市内のコーヒーメーカーやココアメーカーの方から、美味しい飲み方を教えていただくこともあります。そうして自分たちが学んだことなどを、地域の生協のメンバーで構成される「こ～ぷ委員会」や「はんリーダー＆メンバーのつどい」などに出向いて伝えながら、フェアトレードの輪を広げる活動に力を入れています。共同購入のチラシにフェアトレード商品を載せているとはいえ、やはり

●フェアトレード商品がチラシに掲載されるまで

国際協力委員会の委員たちが、ピープル・ツリーのカタログから選んだアイテムは、チラシ掲載商品の候補として担当者へ。そこで生協の取り扱いガイドラインに合っているか、卸し先の在庫があるか、といったことと照らし合わされ、最終的に掲載商品が絞り込まれ、確定する。チラシの作成はピープル・ツリーと印刷会社が担当。出来上がったチラシは、担当者だけでなく国際協力委員会も出来るだけ確認して、完成する。

フェアトレードのことを知らなければメンバーさんも買いづらいですし、フェアトレードの意味が分かってこそ購入に結びつくと考えていますから。

また、毎月開催する委員会に加えて年に1度開催する「拡大委員会」では、一般の方にも参加してもらって、新たな視点や意見を取り入れながら、チラシに載せる商品の選定をしています。その場には、商品を作っているピープル・ツリーさんやチラシを制作する印刷会社さんも同席するので、生協メンバーの生の声や要望を聞いてもらういいチャンスにもなっています。

その他、「ユニセフのつどい」などの交流イベントでも、フェアトレードの展示説明や商品販売を行い、フェアトレードの輪を広げています。直接販売してみると学ぶことは多いんです。カタログではなく実際に商品を手に取ってもらえるといった利点があるのはもちろんのこと、どんな商品が売れるのかあるいは売れないのか、お客さまがフェアトレードをどのくらい理解しているのか、何を求めているのかといったことも分かり、それが私たちの活動にもとても役立ちます。

こうしてフェアトレードのことを伝え、チラシ作りを手

●ピープル・ツリー　営業担当村井香月さんからのコメント

国際協力委員会の皆さまには、いつも元気づけられています。

特に年に1度の拡大委員会は、お互いの意見を交換し合える貴重な機会です。

こちらからは、テーマを決めて生産者のことをお話しします。また、商品を手に取った参加者からは「ここはこうしたほうがいい」「こういうアイテムが欲しい」など様々なアイデアをいただきます。そういった意見は社内で全てフィードバックし、実際の商品開発に活かされます。

また、委員の皆さまはフェアトレードを分かりやすく伝えるための努力もされていてお茶やお菓子にさりげなくフェアトレードのものを使っているほか、簡単なゲームやすごろくなどを駆使して初めてフェアトレードに触れた方でも、すっと溶け込めるよう工夫がされています。

実際に、生協の皆さまに商品をご紹介するのは紙媒体なので、チラシをどう魅力的に作り込む

伝う一方で、自分たちでも、チラシに載せた商品を実際の購入に結びつけるための工夫をしています。例えばマサラカレーのレシピ作り。フェアトレードの食品の場合、日本の食材には無いものも多いので、使い方や分量もなかなか分かりません。そこで商品を自分たちで使ってみながらレシピを開発し、生協の機関紙でも紹介しました。こうして具体的に使い方を伝えれば、メンバーの方たちの関心度もずいぶん違ってくると思います。

じつはこのレシピ、卸し元にもとても喜ばれました。私たちのアイデアをもとにしたレシピが今では実際の商品の中でも紹介されているんです。委員皆がそれを見て感激しました。他にも私たちが「これがあったらいいですね」と提案した商品が、実際に商品開発されたというケースもあります。それがメガネチェーンです！

生産者から「生活がよくなった」と聞いて感激

国際協力委員会がフェアトレードの活動を始めて9年。地道にフェアトレードの輪を広げてきた効果を少しずつ感じています。4年前からは私たち自身が東京へ出向き、フェアトレード商品の予約展示会にも参加出来るようになりま

かは課題の1つです。

今後も、委員の皆さまのお力を借りながら、一緒にフェアトレードを盛り上げていければと思っています!!

レシピのアイデアが紹介されたピープル・ツリーの「インド・本格派マサラ」。

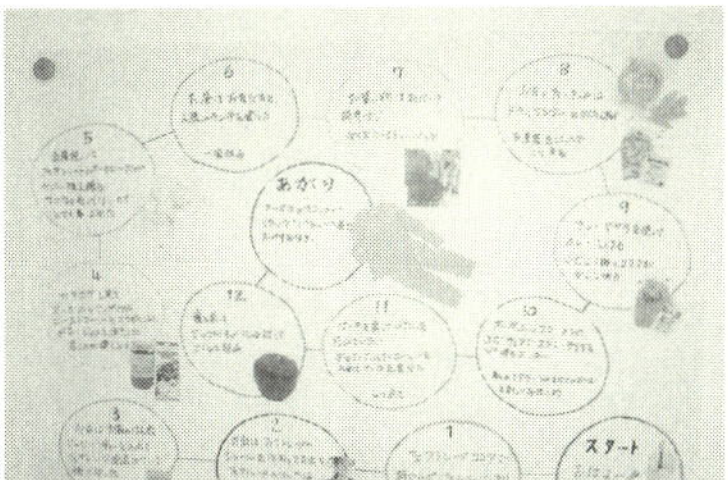

フェアトレードが分かるお手製すごろく。

した。カタログではなく、実際に商品を見て選べるというのはやはりずいぶん違います。また、会場には途上国から来た生産者の方がいらっしゃることもあります。彼らから直接「生活がよくなった」といった声を聞くと、自分たちの活動が実際に実を結んでいることを実感し、感慨深いですね。

私たちのような委員にそうした機会を作ってもらえるのは本当にありがたいこと。こうしたことが可能になったのは、委員会の小さな取り組みの積み重ねかもしれませんが、みやぎ生協の職員の方々の理解とサポートも大きいはずです。

振り返ってみれば、国際協力委員会では自分たちの活動に必要だと思うことを声に出し、地道ながらも実現しようとしてきました。それが少しずつでも実を結んでいるということは、まさに「モノを言う消費者！」そんなことに最近、気がついて皆で驚いているところです（笑）。

みやぎ生協　国際協力委員会

みやぎ生協では1979年からユニセフの募金活動を推進していたが、ユニセフ宮城県支部の設立準備に協力したことをきっかけに、1994年「国際協力委員会」が発足。その後もユニセフの活動をはじめ、国際協力をテーマに学習や情報交換・発信を継続する。1999年からフェアトレードの活動も加わる。毎月1度集まり、チラシの商品選定のほか、勉強会にも熱心に取り組んでいる。消費者の立場から、楽しみながらフェアトレードに参加する姿勢を大切にしている。

●みやぎ生協（みやぎ生活協同組合）
http://www2.miyagi.coop/

1982年3月、当時の宮城県民生活協同組合と宮城県学校生活協同組合の合併により設立。現在は、県内世帯数の約6割を超える約58万人の組合員を抱える東北地方最大の生協。組合員同士の「教えあい学びあいの場」として活動する専門委員会は、「国際協力」の他に「産直」「くらし」「平和」「環境」「食生活」「家計」など合計13委員会に分かれ、月1回程度の学習や情報交換・発信を展開している。

みやぎ生協　国際協力委員会の委員の皆さん。現在、委員は12人。10年来関わっているメンバーも4人いる。

消費者・市民団体の取り組み②

コープやまなしのフェアトレードショップ！

●エコ・リカーショップ

直営店にフェアトレード商品を

2000年2月、コープやまなしは、山梨県南巨摩郡増穂町での酒販免許取得を機に、環境に優しい石けんやリユース・リサイクル商品を中心にしたエコグッズとフェアトレード商品を扱う「エコ・リカーショップ」をオープンしました。組合員さんへの宅配を事業の柱とし、店舗を展開していないコープやまなしでは、唯一の直営店です。

以前より増穂町では組合員さんが集まって、お茶を飲んだり、おしゃべりを楽しみながら調味料や乾物といったドライ品を購入する会があり、コープやまなしではそれを組合員さんによる増穂支所の活動と位置づけていました。15年前、その活動を事業運営しようということになり、酒販免許を申請したのです。

初めての店舗展開に、コープやまなしの理事会ではプロジェクトが発足し、コンセプトが考えられました。①フェアトレードによる気持ちのよい消費を広める、②環境に優しいグッズを普及させる、③地域の産業を応援する、④地域の福祉施設と連携する。これら4つのコンセプトは今もしっかり受け継がれています。

増穂町の店舗は交通の便のよいところではありませんでしたが、コープやまなしが発行するチラシなどで積極的に紹介していたので、組合員さんには知っていただけたようです。当時、扱っていたフェアトレード商品は棚1つ分だけ。大半はパルシステムの商品だったため、「買い忘れたの」「急に足りなくなったの」と言って組合員さんが駆け込んでくるような店でした。

それでも店のコンセプトの1つであったフェアトレードについては、スタッフやパートさんが地道な活動を続けました。パルシステムの商品を買いに来た組合員さんにフェアトレードの商品を紹介したり、生産者の話をしたりして店頭での普及に努めたほか、県内で開かれるイベントや組合員さんによる集まりなどにも積極的に出かけて、商品の展示販売も行いました。中でも特に力を入れたのは「カタログ会員」の展開です。コープの宅配という特徴を活かして、フェアトレードのメーカーが発行するカタログを宅配と一緒に受け取れるというサービスです。個人で注文すれば送料がかかりますが、直営店を介してのオーダーですから送料も無料。カタログは見終わったら宅配のスタッフに渡して戻してもらうという仕組みは、気軽に利用出来て好評をいただいています。現在のカタログ会員は200人以上、これも7年間の地道な普及活動が実を結んだ結果だと考えています。

地場産業のワインも、そしてフェアトレードワインも

山梨は日本を代表するワインの産地。コープやまなしでは県内のワイナリーと商品を共同開発して販売し、地場産業の活性化を進めてきました。地域の産業を応援するエコ・リカーショップでもそうしたワインを販売しています。

ワインに関しては、南アフリカからのフェアトレードワインも販売しています。首都ケープタウンの周辺はワインの一大産地として知られており、そこではアパルトヘイト後の黒人の自立事業として経営されているワイナリーがあります。コープやまなしで扱っているのは「タンディ」（地元のコサ語で〝愛〟という意味だそうです）というワイナリーの商品です。生産工程は全て手作業で、上質のブドウか

ら香り豊かなワインを作っています。ワイナリーでは雇用の創出はもちろん、教育、医療、福祉など様々な分野で地域コミュニケーションの向上を目指しており、現場では肌の色に関係なく皆笑顔で働いているそうです。

そうした主旨に賛同したコープやまなしでは、以前、現地を訪問した際にミシンを持参しました。そのミシンをワイナリーに寄贈して、ワインギフト用の手提げ袋の仕事を発注したのです。今も店頭ではワインと共に袋も販売しています。コープやまなし独自の取り組みがこうしてカタチとなっていることは嬉しいこと。お客さまにもその都度、商品の背景にある話をご紹介しています。

パルシステム連合会ではフィリピン・ネグロス島のバナナを扱っており、その一員であるコープやまなしでも以前からフェアトレード商品としてバナナを販売していました。そのうちに、フェアトレードが将来的に重要な活動になると考え、独自に力を入れていくようになりました。南アフリカのワインを始めたのもそうした流れの一環です。また、県内で開催するフェアトレードのイベントにタイやネグロス島のバナナ生産者を招いて話を聞いたり、組合員さんとの交流の場を作るなど、フェアトレードが掲げる「顔の見える交流」も大切にしています。

新店舗ではフェアトレード商品が中心に

2007年2月に中央市若宮へ店舗移転し、今度はフェアトレードを主力商品にしました。これまでの取り組みによって、組合員の方たちの間にフェアトレードの理解が浸透してきたこと、何よりフェアトレード商品の質やデザインが向上して、お客さまから「買いたい！」という声が高まってきたからです。

現在の仕入先は主に5団体、カタログ会員さんからの注文に合せて、週1回注文しています。店舗は10坪と小さいのですが、衣料、雑貨、食品、ワインなどかなりのアイテムを揃えています。これまではカタログでしか見ることの出来なかった商品を実際に手に取り、試着出来るようになって、「実物を確かめられるのがいい」とお客さまには好評です。初めての方にも、手作りを基本とするフェアトレードの雑貨や衣料品には1つとして同じモノがない、というところが新鮮に映るようですね。草木染めにしても、手織りにしても、作った人の温もりが感じられて、身の回りにあると穏やかな気持ちになる、という感想もよく聞きます。

ただモノを買って消費するだけではなくて、同じ「買う」

雑貨や衣料品も取り扱う
エコ・リカーショップ。

なら何か意味のある買い物をしたい。そして「誰が作ったのか」「どんな風に作られたのか」が分かる商品がいい、という声が高まっています。商品の背景が分かる上に、作る人も買う人もお互いに幸せになることが出来るフェアトレードは、これからの消費者ニーズにかなっていると感じています。

エコ・リカーショップはフェアトレードの商品とお客さまをつなぐ接点の場所です。商品を売るだけではなく、私たちスタッフは商品の魅力をいかに伝えるかという努力をしなければいけません。どうしたらお客さまが喜んで買ってくださるだろう。いろいろと勉強を重ねていますが、まず自分たちが生き生きと働くことではないかと思います。それが根底にあって初めてお客さまは店に来てくださるし、話を聞いてくださるのかなと思うのです。

お店にはパートさんが4人います。皆、環境やエコに関心が高い方ばかり。現場で働いている方たちのアイデアも積極的に活用して、地域でフェアトレードを広めるために店を盛り上げていきます。移転してからあっという間に1年が経ちましたが、これまでにフェアトレードのファッションショーを開催したり、県や市内のイベントに出店したり、店頭では毎月1回季節のテーマを設けて売り出しをす

●エコ・リカーショップ
〒409-3803
山梨県中央市若宮29-1 ジョイフルプラザ1-E
TEL&FAX／055-274-7766
営業時間／10:30〜19:00　水曜定休

る土曜市でフェアトレードを紹介したり、チラシを作ったりと、様々な活動をしてきました。これからもやりたいことはたくさんありますが、学生や子どもたち、それに地域の人たちを巻き込んで楽しいムーブメントを目指していきたいですね。

フェアトレードのメーカーさんから「いずれはフェアトレードが無くならなくちゃいけない」と聞いてドキリとしました。地球のことを考えながら、身近な地域の暮らしで、1人1人が地道に行動しつながり合っていく。エコ・リカーショップでは、そんな大切さを発信し、提案していきたいと考えています。

中込愛美さん

コープやまなし
事業部エコ・リカーショップ担当

大学卒業後、2003年コープやまなしに入協。いちのみやセンターに配属され、仲間作り（新しい組合員さん獲得のためのアプローチ）を4年間担当。2007年2月の「エコ・リカーショップ」店舗移転を機に直営店担当となる。フェアトレードの現場に身を置くのは初めてだが、フェアトレードメーカーの方々、ショップスタッフ、職場の上司などから教えを請い、勉強も重ねながら奮闘する日々。「顔の見える」関係を築くことの出来るフェアトレードを、地域の多くの人たちに伝えていきたいと考えている。

●コープやまなし
http://www.pal.or.jp/eco-coop/

コープやまなしは、「山梨県労働者生活協同組合」と「郡内労働者生活協働組合」が合併、1992年4月に「生活協同組合コープやまなし」が誕生。首都圏を中心とした10生協が連携する「パルシステム」による個人宅配を利用した組合員の暮らしのサポートのほか、組合員による自立と協同の社会作りを推進。

消費者・市民団体の取り組み③

皆がハッピーになるチョコレートを広めたい

●チョコレボ実行委員会

チョコレートを知らない農場の子ども

２００１年４月。当時、イギリスに住んでいた私は、ＢＢＣ（英国放送協会）のニュースである事件を知りました。西アフリカのギニア湾で、10歳から14歳の子ども２００人以上を乗せた船が消息を絶ったというものです。船に乗っていたのはマリなど近隣の国から不法に連れてこられた子どもたちだと考えられていました。その後、沿岸各国から寄航を断わられた船は結局出港地に戻ってきたのですが、その時子どもたちは23人に減っていました。いなくなった子どもたちはいったいどうなったのか。この事件を通じて、カカオ農園やコーヒー農園で働くために子どもたちが無理やり働かされていること、ひどい場合には人身売買が行われていることが、世界中に報道されました。

連日、報道が繰り広げられる中、私が通っていた英会話学校の教室でも、先生や学生が「もうチョコレートを買わ

●カカオの現実　〜児童労働〜

チョコレートの原料となるカカオ。その７割はガーナやコートジボワールといった西アフリカの国々で生産されている。カカオ農園ではカカオの栽培や収穫に必要な労働力を確保するために人身売買や強制労働が行われ、子どもがその対象になっていると国際労働機関（ＩＬＯ）は指摘する。国際熱帯農業研究所が、西アフリカ４カ国の農場約１５００カ所で行った調査によると、働く子どもの約６割は14歳以下で、防護用具を使わずに殺虫剤を使用し、刃物を使った作業をしているという結果が出た。こうした危険な労働に従事する子どもの数は約28万人にのぼると言われている。（ＩＬＯウェブサイトより）

ない」とボイコットを始めるなど、周囲はとても敏感に反応していました。この事件に関しては後日諸説が報じられましたが、私自身も大好きなチョコレートの裏側にある現実を初めて知り、深刻な気持ちになっていました。カカオ農園で働いている子どもの多くは、自分が扱っているカカオがどんな製品になるのかも、チョコレートがいったいどんなものなのかも知らずに働かされている。学校へ行くことも出来ない子どももいる訳です。

夫がお土産で買ってきてくれていた有名ブランドのチョコレート。それまでは手放しに喜んで食べていましたが、事件以来、「原料であるカカオはどこで採れたモノだろう」「このカタチになるまでにどんな人たちが携わってきたんだろう」と考えるようになりました。欧米では「食べない」「買わない」といったボイコット運動に発展しましたが、私にはとても無理。そのくらいチョコレートが好きなんです（笑）。それならば、子どもたちが無理やり働かされることなく製品になったモノ、逆に子どもたちを助けるようなチャリティー的要素を持ったチョコレートがあったらいいのに、と考えるようになりました。

フェアトレードに出合った

そんな時に出合ったのがフェアトレードです。無農薬や有機農法といった地球環境に優しい作り方で生産者の安定した生活とモノ作りをサポートするフェアトレードの精神は心に響くものでした。イギリスではスーパーに行けばごく普通にフェアトレードの商品を買うことが出来ます。例えば、お菓子のコーナーでは国産のチョコレートの横にフェアトレードのチョコレートが並んでいて、私たちはどれを買うかを自由に選べるんです。フェアトレードはそれほど社会に浸透していました。食べてみると分かるのですが、自然の恵みから手間をかけて作られたフェアトレードのチョコレートというのは抜群に美味しいんですよ。美味しい上にいいもので、それは大きな発見でした。

児童労働の現実が暴かれ、その後、ニューヨークでは9・11テロが起きて、世界が何やら不気味に動き始める中、私は「世界の現実を知らなくちゃいけない」と強く感じていました。日本に戻ってきてからは、途上国やフェアトレードのことをもっと勉強しようと、いくつかの国際NGOやフェアトレード団体でインターンやボランティアを始め、

●チョコレボがコンビニに初登場！ ミニストップ×チョコレボのコラボ企画が実現するかも!?

コンビニエンスストア「ミニストップ」の都内12店舗で、ベルギーチョコレートのソフトクリームが2008年1月末から1カ月の期間限定で実験的に販売されました。ドミニカ共和国のフェアトレード・カカオを使った、コンビニ業界初のフェアトレードチョコレートです。

この商品開発のきっかけは、2007年版「ミニストップ環境社会報告書」に掲載された「チョコレートの安全性」を考える社長座談会に、チョコレボ実行委員会と児童労働を考えるNGOのACE（エース）が参加したことです。それを機に、3者のコラボによる商品企画が実現しました。実験販売だった今回の期間中は店頭に、ピープル・ツリーのフェアトレードチョコレートやソフトクリームと同じカカオを使ったミニストップオリジナルのフェアトレードチョコレートも並びました。

そのうち同じような関心を持つ仲間と出会いました。ネットワークも広がってきた頃、「今なら自分に何か出来るんじゃないか」と考えるようになったのです。

「たまにフェアトレードもいいね」的でいい

フェアトレードというと、ＮＧＯなどのお堅い影がちらついてとっつきにくく感じたり、貧困や貿易といった難しい言葉が出てくるので敬遠してしまったりするけれど、例えば、ロハスのようにもっと身近に楽しんでもらえたらいいのに、「たまにはフェアトレードもいいね」くらいの軽い気持ちで関わってもらえたらいいのに、と感じていました。

それなら身近にあるモノで始めてみるのはどうだろう？　私は大好きなチョコレートをとっかかりにしようと考えました。日本では１人あたり年間平均2.2キロものチョコレートが消費されているというのです。この驚くべき量の中でフェアトレード商品の占める割合が増えていけば、それは世界を少しでも変える力になりうるのではないでしょうか。

「チョコレートは買わない」というネガティブな選択ではありません。フェアトレードという素晴らしい市民活動があるのだから、それを自分の出来る範囲で応援していこう

●２００８年・高島屋のバレンタイン企画「タカシマヤ・アムール・ド・ショコラ」に出現！

国内外の老舗ブランドから人気店までを一堂に集めたチョコレートの祭典に、チョコレボがオーガニック&フェアトレードのオーストリア・チョコレート「Zotter（ゾッター）」とのコラボレーションブースを出店しました。ブースではカカオの栽培や生産者、フェアトレードについて写真やビデオで紹介。今回はオリジナルパッケージをほどこしたギフトセットも初登場しました。

チョコレート裏面にあるＱＲコードからアクセスすると、有機栽培で育てられた良質なカカオとその生産者の話が紹介され、コメント欄からは生産者に向けた応援メッセージを書くことも出来ます。バレンタインでは商品も品薄になるほどの大人気ぶりでした！

というポジティブな発想です。カカオを作る人も、チョコレートを買う人も、間に入って売る人も、皆が笑顔でいられる。そんなハッピーなつながりをチョコレートで目指そう。この活動を「チョコレート・レボリューション（＝チョコレート革命）」と名づけ、メーリングリストやミクシィで自分の考えを発信し始めると、「私も手伝います」「僕はこれが出来ます」といった声が驚くほどたくさん集まってきました。

チョコレボ・ネットワーク拡大中

２００６年10月に開催されたライフスタイルフォーラムで、チョコレボの活動がスタート。まずは「チョコレボ」を認知してもらうために、ロゴとコピーが必要でした。メーリングリストで公募した結果、プロのコピーライターの方がものすごい量のコピーを送ってきてくれてびっくり。最終的にその中から「チョコを選べば、世界が変わる」というコピーを採用しました。ロゴも広告代理店のデザイナーさんが多忙な合間を縫って作ってくれて、パンフレットの撮影は知り合いの超有名カメラマンが快く引き受けてくれました。

不思議なくらい、たくさんの人が協力してくれます。チ

●ライフスタイルフォーラム
http://www.lifestyle-forum.org

ライフスタイルフォーラムは「地球と共生する暮らし方」をテーマにしたイベントで2000年にスタート。運営はNGOやNPO、労働組合、生協、企業などで構成する実行委員会と環境省によって1年に1回開催されている。

ョコレボの運営は今でも全てボランティアベース。皆、本業はとても忙しいのに、その合間に各々が出来ることをしているんです。学生たちも積極的に参加してくれています。パンフレットや名刺の制作、ホームページの更新、ボランティアの取りまとめ、イベントの調整などチョコレボの輪が広がってくると共に、自然と役割分担が生まれてきました。

先日、東京の代官山のヒルサイドテラスで猿楽神社のお祭りがあり、例年にならって会場の一角で地元のお店や大使館がブースを出すことになりました。そのお店の一つにフェアトレードのチョコレートを置いてくださっている「ヒルサイド・パントリー」という輸入食材店があるのですが、そこのオーナーさんと店長さんは以前からチョコレボを応援してくれています。「お祭りの時、店が入っているビルの1階にチョコレボのブースを出していいよ」と場所を提供してくれて、私たちは週末の2日間で16種類のフェアトレードのチョコレートを紹介し、販売することが出来ました。「オーガニックのチョコレートです！　フェアトレードのチョコレートです！」と声をかけると、思う以上にたくさん人が集まってくるんです。それぞれ熱心にパンフレットを見たり、フェアトレードのことを聞いたりして、関心の高さをひしひしと感じました。商品はほとんどが完売です！

●ヒルサイド・パントリー
TEL／03-3496-6620

代官山ヒルサイドテラスのお祭りでチョコレボのブースを出店。前列右が星野さん。ボランティアの人たちと。

食材店がチョコレボを紹介し、オーナーは場所を提供する。手伝える人がブースでチョコレートを売り、手伝えない人は友達や職場の人にブースに遊びに行くように伝える。チョコレボに関わる人それぞれが自分に出来る役割を果たし、どんどん大きな輪になっています。この輪がさらに広がれば、そのうち「フェアトレードの商品がもっと欲しい、もっと置いてほしい」といった声があちこちから上がってくる。そうなれば社会も変わってくると思うのです。

フェアトレードが普通になる日を目指して

より多くの人がフェアトレードのチョコレートを手にすることが出来るように。チョコレボでは企業のCSRと連動する提案も行っています。消費市場に影響力を持つ企業がチョコレートの調達先について考えを巡らし、フェアトレードの商品を選ぶ。これだけでフェアトレードの世界はぐっと広まります。あるいは企業自身がフェアトレードの商品を生み出してもいい。今はCSRが叫ばれる時代ですから、企業が取り組んでいる「いいこと」を多くの人に伝え、あるいは企業が新たに「いいこと」を始めるのは、時代のニーズにもかなっていると思うのです。

「人と地球に優しいチョコレートを広める」というチョコレボの地道な活動が、いずれ消費者の意識を高め、フェアトレードをメインストリームにする。それは大きな目標の一つです。

環境に優しい農法で丁寧に作られた美味しいチョコレートをもっともっとたくさんの人が食べるようになれば、チョコレート作りに携わる生産者たちは安心して質のいいチョコレートを作り続けることが出来る。そういったしくみが出来れば、子どもたちが無理やり働かされたり、農薬を大量に使ったりすることも無くなっていくはずです。

皆がハッピーになれる幸せなチョコレートがもっともっと広まってほしいと願って、チョコレボの活動をこれからもどんどん展開していきます。

星野智子さん

チョコレボ実行委員会
発起人＋代表

イギリス滞在中にフェアトレードのチョコレートに出合う。帰国後、日本でフェアトレードを広めるべく、チョコレボを立ち上げる。「チョコを選べば、世界が変わる」をキャッチフレーズに活動中。2002年NGOオックスファム・ジャパン設立準備委員。環境カウンセラーとして、目黒区買い物ルール委嘱委員、めぐろ環境マネジメントシステム研究会コーディネーターなどを歴任。現在、株式会社インヴォルブ代表取締役。

●チョコレボ実行委員会
http://www.choco-revo.net/

人と地球に優しいチョコレートを広めたい、という思いを共有する人たちで構成された非営利の団体。人と地球に優しいチョコレートに関する情報をオフィシャルサイトやイベントを通じて発信している。

第6章 海外のフェアトレード活動

海外でフェアトレードはどのくらい広まっている？

日本より数段進んでいると言われる海外のフェアトレード。その活動の内容や市民の反応はどのようなものなのだろうか。また、日常生活でどれくらいフェアトレード商品が浸透し、消費されているのだろうか。

フェアトレードの取り組みは、特にヨーロッパでは歴史的な背景などから先駆的な活動が行われている。多様な人種が暮らし、それぞれの国の伝統や歴史を大切にし、そして個人の主張や意見も尊重されるヨーロッパ文化。その中で、生まれ、発展してきたフェアトレードとはどのようなものなのかを、現地からレポートしてもらった。フェアトレード先進国であるイギリスからはイギリス生協の取り組みを、オランダと北アイルランドからは実際に生活する市民の目から見たフェアトレード事情をご紹介したい。

〈ＵＫ・イギリス〉イギリス生協の取り組み

イギリスは、国際協力ＮＧＯオックスファムやフェアトレード団体のトレードクラフトなどの取り組みによって、フェアトレードが特に進んできた国であり、長い歴史を持っています。そうした国で、イギリス生協は他の小売業に先駆けてフェアトレードを始めたことにより、多くの消費者に影響を与え、フェアトレードの普及に大きく貢献してきました。

２００７年に行われた調査では、フェアトレード・ラベルの認知度は57％で、２人に１人以上のイギリス人がフェアトレードの意味を理解しているという結果が出ています。２００２年には25％だったので、この5年の間に倍の人たちがフェアトレードを知ったということになります。別の調査では、「フェアトレードを聞いたことがある」という人が80～90％にのぼることが分かっています。

こうした状況の背景には、年々フェアトレードの取り扱いを広げるイギリス生協による積極的な展開があります。

イギリス生協のフェアトレードに対する考え

世界最大の消費生活協同組合である「イギリス生協（The Co-operative Group）」は、グループ全体で４５００店舗と8万７５００人のスタッフを有し、４５０万人近い組合員に支えられる巨大組織です。２０００年4月、生協事業連合会（ＣＷＳ）と協同組合小売サービス（ＣＲＳ）が合併し、コーペラティブ・グループ（The Co-operative Group）として誕生しました。２

007年には第2位のユナイテッド生協と合併し、世界最大規模の単位生協となりました。その展開の柱である食品小売業は、小規模店舗とスーパーを中心に2200店舗以上があり、その数はイギリス最大となっています。

現在、イギリスの食品小売市場は約3割のシェアを占めるテスコを筆頭に、アズダ、セインズベリー、モリソンズの4大流通業が、市場売上の4分の3近くを独占しているという状態です。イギリス生協はコンビニなどの小規模小売店部門では首位の売り上げを持ってはいるものの、市場全体では8番手で6.7%のシェアに止まっています。

イギリス生協では、「責任ある小売販売」に取り組んできました。具体的には、製品パッケージに必要な情報を表示する、信頼出来る方法で加工された製品のみを扱う、動物実験をしない、環境に与える影響を最小限に食い止めるといった内容ですが、いずれも消費者である組合員たちに支持されてきました。イギリス生協はエシカル・リテイラー（倫理に基づいた小売を展開する業者）の代表的な存在として人々に知られており、そうした流れから1992年、「貧困問題へも取り組むべき」という組合員たちの声を受けて、フェアトレードを開始しました。

イギリス生協では次の5つを基準にフェアトレードに取り組んでいます。

1　たとえ市場価格が下落した場合でも、保証された最低限の支払いを行う。
2　生産地への再投資として、付加的、社会的な割り増し額を支払う。
3　力の弱い生産者が世界の貿易市場で自立することを助ける。
4　慈善事業ではなく、公正かつ持続可能なビジネスを行う。
5　フェアトレード・ラベルで展開する。

ミルクチョコレート

生協のフェアトレード戦略

イギリス生協では、最終的にフェアトレードがビジネスとして持続出来ることを目指し、次の３つの戦略を掲げています。

１　商品の提供を増やす

１９９２年にフェアトレードコーヒー「カフェダイレクト」の扱いを始めたのが、イギリス生協最初の取り組みです。１９９８年に「フェアトレード・フォートナイト」と称して、２週間にわたり店舗内キャンペーンを展開し、フェアトレードを多くの消費者に伝えました。２０００年にはイギリスで初めてフェアトレードバナナを販売し、生協の取り組みを社会にアピール。同年、ミルクチョコレートとレギュラーコーヒーも生協のフェアトレードブランドに追加されました。

２００１年にはイギリスを代表するフェアトレード団体のトレードクラフトと共同で国内初となるフェアトレード赤ワインを開発し、販売しました。赤ワインは世界初の取り組みだったため、イギリスのラベル認証組織フェアトレード・ファンデーションと共に国際基準も作りました。その後も、白ワイン、ホワイトチョコレート、マンゴー、パイナップルなど、イギリス初のフェアトレード商品を次々と導入しました。

２００２年には生協が扱う全ての板チョコレートが、２００３年には全てのコーヒーがフェアトレード商品になりました。１９９９年以降、小売業界では生協が最も多くの店舗でフェア

●the Co-operative Group / Food
（イギリス生協・食品部門）
http://www.co-operative.co.uk/en/membership.coop/en/food/
右側がブラッド・ヒルさん

トレード商品を販売しています。

2　社会の関心を高める

イギリス生協のモットーは「消費者と共に、コミュニティの中で」。地域でフェアトレードへの関心を高めるために、店舗の中では専用コーナーを設け、店舗の外ではイベントでブースを出店するなど、消費者へのアプローチを積極的に展開しています。また広告などを通じて、ビジネス業界やメディアへの波及にも力を注いでいます。

２００３年には「世界に広めたビジネス賞」及び「サステイナブル開発賞」を受賞。その成果が認められ、２００４年にはフェアトレードワインの開発により「ワイン・チャレンジ最優秀小売業者賞〜開発部門〜」、２００６年には『マーケティング・ウィーク』誌で「企業の社会的責任部門・功労賞」を受賞しています。

１９９８年にフェアトレード・ファンデーションが提唱した「フェアトレードタウン」は、自治体による取り組み宣言ですが、イギリス生協では地域レベルでの普及を目指して、このフェアトレードタウンに対する支援も行っています。自治体が認証を受けるためには、主に次の5つを網羅していなければなりません。

1　自治体の議会でフェアトレードタウンを宣言する決議を行い、役所内の事務所や食堂でフェアトレードコーヒーや紅茶を提供する。
2　地域内の店で、2品目以上のフェアトレード商品が入手出来る。
3　地域内の職場や教会や学校などの公共施設でフェアトレード商品が利用されている。

4　地域内で行われるフェアトレードのキャンペーンに対して支援を行う。
5　フェアトレード推進委員会を設置する。

２０００年、これらの条件をクリアしたイギリス北西部のガースタングが最初のフェアトレードタウンとして認証されました。その後、イギリス生協ではタウンキットやスクールキットを作成し、自治体がフェアトレードタウンに認証されるために必要な情報を提供しています。こうした支援の結果、２００５年にはイギリス生協本部のあるマンチェスターが１００番目のフェアトレードタウンに認められ、２００７年現在、その数は３００以上にのぼっています。また、スコットランドやウェールズでは「フェアトレード国家」を目指す動きもあります。

3　売り上げを上げる

イギリスのフェアトレード市場は２００７年現在、世界で2番目の地位にあり、世界総売り上げの約4分の1を占めています。フェアトレード商品の売り上げは伸びているものの、イギリス食品小売市場全体から見ると、そのシェアはまだ1％以下に止まっています。しかし、フェアトレードの認知度が昨年から5％も上昇したことから、消費者ニーズの高まりが期待されており、市場の拡大も予測されています。

２００８年の最新情報、紅茶、ココアも全てフェアトレード商品に！

イギリス生協では２００７年、モットーとする「責任ある小売販売」を支える「食品倫理方針」

フェアトレードの紅茶。

を見直すために、組合員及び消費者10万人から聞き取り調査を行いました。その中で今後、生協が優先的に取り組む課題として選ばれたのは、第1位がエシカル・トレーディング（倫理に基づく取り引き）、第2位が動物福祉（動物実験をしないなど）、第3位が環境への影響、フェアトレードは5位に入りました。

この結果を受けて、イギリス生協では年間１６００億ポンドの売り上げがあるホットドリンクの商品全てをフェアトレードに切り替えることを決定しました。小売業界において、取り扱いコーヒーを全てフェアトレード商品で展開しているのはイギリス生協だけですが、今後はその展開を紅茶、ココアにも広げていきます。これらの売り上げ利益で生産者たちを支えると共に、フェアトレード・プレミアムを通じて、給水、教育、医療など地域に必要とされるプロジェクトを支援する計画です。5月には砂糖もフェアトレードに切り替える予定です。

イギリス生協の最高責任者ピーター・マークスは、「イギリス生協が今後、倫理的な取り組みを展開していくという挑戦を組合員の方々が承認してくれました。調査結果を最優先課題として取り組んで行きます」と発言しています。

２００７年、イギリス生協は５５００億ポンドのフェアトレード商品売り上げを記録しました。そして、サステナビリティに取り組む企業部門において小売業界では初めて「女王賞」を受賞しました。国営放送ＢＢＣでも「最も環境に優しい小売業者」と発表されました。

また、２００８年2月から開始した「1日1杯、フェアトレードのホットドリンクを飲もう」の署名キャンペーンでは、ダグラス・アレキサンダー国際開発大臣が最初に署名、「毎日の買い物に1つだけ小さな変化を取り入れるだけで、世界の貧困に一石を投じることができるのです」と語っています。

イギリス生協におけるフェアトレード事業推進の立役者。生協での貢献のみならず、イギリス全土でフェアトレードタウンの拡大に尽力。その成果を評価されて、エシカル・ライフスタイル誌『ニュー・コンシューマー』で2007年、イギリスのエシカル・ヒーローのトップ100人に選ばれた。

ブラッド・ヒルさん

イギリス生協
フェアトレード開発マネージャー

「フェアートレード・オリジナル」ユトレヒト店。
品揃えは豊富で洗練されていて
ハイセンスの雑貨屋といった印象。

〈オランダ〉フェアトレード事情―現地在住　あおきるりさんのレポート

1　どんなお店があるのか

フェアトレード商品を取り扱う店は、専門店とスーパーに大きく分類されます。専門店には、1960年前後からフェアトレードに取り組んできた団体が運営するフェアトレードショップ「フェアトレード・オリジナル」や「ワールドウィンケル」などがあります。特にワールドウィンケルはオランダ国内に400店舗を展開しています。その他「ヌクヒバ」など個人で運営されているような、小さなフェアトレードショップも多数あります。

オランダ最大手のスーパー「アルバートハイン」や「スーパーコープ（生協）」をはじめ、ほとんどの大型店ではフェアトレード食品が販売され、日本に比べ手軽に購入出来ます。市民にとってフェアトレード商品は身近な存在と言えるでしょう。

●フェアトレード・オリジナル（Fair Trade Original）
http://www.fairtrade.nl/

1959年に設立された途上国開発支援の先駆的存在で、オランダ最大のフェアトレード団体。シチリア島の栄養不良の子どもたちに粉乳を届けることから活動を始めた。1967年、ハイチの木彫り工芸品の輸入販売からフェアトレードを開始。1988年にマックス・ハベラーのフェアトレード認証ラベルを導入、現在はFLOのフェアトレード・ラベルを使用する。世界30カ国にわたる70の生産者団体と取り引きをし、商品の輸入、卸し、直営店での販売を行っている。

「フェアトレード・オリジナル」店内。

食料品も多彩な生協店内。

●ワールドウィンケル（Wereldwinkel）
http://nieuw.wereldwinkels.nl/
1969年に設立されたフェアトレードサポートショップ。オランダ国内に400の店舗を持ち、大規模に展開する。前述のフェアトレード・オリジナルをはじめ、各フェアトレード団体から仕入れた商品を販売。スタッフは全員ボランティアである。2007年、エルセヴィエ誌（オランダのクオリティ雑誌）主催の消費者コンテストで、「プレゼント・雑貨部門」においてオランダベスト店舗に選ばれた。「最も店員の感じがいい店部門」で堂々の第2位に輝く。

●ヌクヒバ（Nuku Hiva）
http://www.nukuhiva.nl/
旅行番組の人気レポーターであるフローチェが、2006年アムステルダムにオープンしたフェアトレードショップで、設立資金は彼女が執筆した旅の本の印税から。ジーンズ、Tシャツ、ジャケット、シューズなどの衣料品を扱うブティック。国民的人気のあるフローチェはオランダ赤十字やマックス・ハベラー財団の親善大使も務める。

●アルバートハイン（Albert Heijn）
http://www.ah.nl/
1887年に小売店としてスタート。オランダ最大のスーパーで現在700店舗以上を展開している。

2　どんな商品があるのか

フェアトレード商品では食品が最も普及しており、中でもコーヒーと紅茶が主力です。その

「プトゥマヨ」のCDコーナー。

●プトゥマヨ（Putumayo）
http://www.putumayo.com/

他、米、香辛料、ソース類、スナック、お茶、ドレッシング、ワイン、チョコレートなどがあり、品目は多彩です。食品以外にも、キャンドルや食器といったキッチン&テーブルウェア、アルバム、文房具、お香、置物、アクセサリーなどの雑貨類が豊富で、石けんや化粧品などほとんどの日用品が揃います。

ユニークなアイテムとしては、世界の民族音楽を扱うCDレーベルの「プトゥマヨ」。1993年にアメリカで設立されたレーベルで、ヨーロッパ本部がオランダにあります。国際協力NGOや人権団体と提携し、「コーヒーランドのミュージシャン」「アフリカの女性アーティスト」といったタイトルのCDがカラフルなジャケットに収まり、フェアトレードショップなどで販売されています。

3　どのくらい市民の生活に浸透しているのか

前述したようにフェアトレード専門店も多く、大手スーパーでもフェアトレード商品が手軽に入手出来るため、認知度はかなり高いです。

フェアトレードショップに来店した50代の女性は「専門店にはほとんど来ないけれど、今日はたまたまクリスマスの買い物で来ました。食品もしょっちゅう買う訳ではなく、気が向いたらという程度。フェアトレードを否定する訳ではないけれど、コーヒーなら自分の行きつけの店の方がずっと美味しいから、フェアトレードコーヒーは買いません」と話していました。

このようにオランダではフェアトレードが特別な商品ではなく、選択肢の1つとして生活に浸透している様子がうかがえるかと思います。

また、地方の小さな街では、買い物をする店の選択肢も少ないことから、フェアトレードシヨップに足を運ぶ人も多いようです。

そして、積極的にフェアトレードに取り組む自治体もあり、普及の推進力になっていると聞きます。最近では北部のフローニンゲン州政府がオフィスで飲むコーヒーとお茶を全てフェアトレード製品にしたところ、大手コーヒーメーカーから逆に、「フェアトレードブランドに限定するのは、フェアではない」と訴訟を起こされました。これに対して裁判所は２００７年11月、「そのままフェアトレードコーヒーを利用してよい」という判決を下しています。

4　レポーターの感想

オランダでこれほどフェアトレードが普及しているのは、「手軽に買えること」と「商品が豊富で魅力的なこと」という外的要因によるところが大きいと考えます。

実際、商品は食品をはじめ、食器や音楽ＣＤなど日常生活で使える身近なアイテムが豊富です。いわゆる民芸品の印象は無く、デザインもしゃれており、手に取ってみたくなるモノが多くあります。

東インド会社発祥の国であるオランダの人は、数百年にわたり世界規模で商業活動を展開してきており、骨の髄まで商売人です。崇高な理念だけでは人は動かず、商品自体に魅力が無ければ消費者は振り向かないことを熟知しています。その現実に基づき途上国の現場では、伝統的な技術や素材を守りつつも、先進国の市場で受け入れられる商品開発が行われています。また、販売網やブランド戦略を重視し、マスマーケットへのアプローチにも優れていることが、広く国民生活に普及している秘訣ではないかと考えます。

一方で、植民地支配という史実に対する「罪滅ぼし」といった国民の潜在感情も、フェアト

●19世紀の文学作品マックス・ハベラー
（原題『Max Havelaar』副題：オランダ商事会社のコーヒー競売）
オランダ領東インド植民地（現在のインドネシア）における非人道的な統治政策の実態を告発した作品で、作者は当時の植民地に赴任していた官僚であったため、内容は史実に近く、歴史的価値が高いとされる。

レード普及の裏にある内的要因として無視出来ないのではと感じています。オランダは世界で初めて誕生したフェアトレード・ラベル「マックス・ハベラー」発祥の地です。ラベルの名称となっている『マックス・ハベラー』は、19世紀最大の問題作として世界的に知られている本ですが、この本は義務教育の過程で必ず習うもので、国民は皆その存在を知っています。そうした下地があるからこそ、フェアトレードの理念も理解されやすいと感じます。

移民、難民、学生を含め、第三国からやって来た外国人の比率が高いオランダでは、紛争や貧困など過酷な背景を抱える人がクラスメイトや隣人になることも珍しくありません。また、旅行や仕事で途上国を訪問する人も多く、途上国そのものが身近であるとも言えるでしょう。

こうしてみてもフェアトレードを受け入れる土壌は日本よりはるかに揃っており、オランダが「フェアトレード先進国」であることを実感します。

あおき　るりさん
商社勤務を経て、オランダのワーヘニンゲン大学院で、「レジャーと環境」修士号取得。ネパール政府観光局初の日本人スタッフとして単身6カ月首都カトマンズに滞在。その後財団法人大阪観光コンベンション協会付きで大阪城天守閣の広報を担当する。2006年末よりオランダ暮らしを本格的に再開して、現在は調査・翻訳・ライター業務に従事。
オランダ在住ライター

毎週土曜日、「プエブロス」はマーケットに出店。

フェアトレード専門店「プエブロス」店内。

〈UK・北アイルランド〉フェアトレード事情
――現地在住　マクニーリー淳子さん、益邑信子さんのレポート

1　どんなお店があるのか

UKに属する、北アイルランド。その首都であるベルファスト市には、フェアトレードを専門とする小売店が4店ほどあります。1店は国際NGOオックスファムによって運営される「オックスファム・フェアトレード」、もう1つはベルファスト市東部の教会が経営母体となっている店です。残りの2店は市内のフェアトレード専門店。そのうち2007年にベルファスト・フェアトレード団体が優秀賞に選んだ「プエブロス」は、2002年の開店以来、コーヒーや紅茶などの食品から、衣服、ジュエリー、工芸品に至る様々なフェアトレード商品を販売しています。また、同店は毎週土曜日に開催される市内のマーケット（セントジョージスマーケット）にも出店しています。

最近このような専門店以外でも、フェアトレード商品を購入出来る場所は増え、「コープ（生協）」や「マークス&スペンサー」をはじめ、各種大手スーパーが、独自で開発した商品を含めたフェアトレード商品を置くようになってきました。

また、市内のカフェでも、フェアトレードのコーヒーや紅茶がメニューとして登場しています。中でも3年ほど前、クイーンズ大学近くにオープンした「コモングラウンドカフェ」は、フェアトレードをコンセプトとし、コーヒー、紅茶から、砂糖やチョコレートに至るまでフェアトレード商品を使用、多くの学生や市民の支持を得ています。

● プエブロス（Pueblos）
http://www.pueblosfairtrade.com/
● コモングラウンドカフェ（Common Grounds Café）
http://www.commongrounds.co.uk/
● ティアファンド（Tearfund）
http://www.tearfund.org/
● ティアクラフト（Tearcraft）
http://www.tearcraft.org/

フェアトレードをコンセプトにしている「コモングラウンドカフェ」。

最近では、フェアトレード・ラベルをつけたコットン製品の販売も行われてきました。「トップショップ」などの有名衣料店でもフェアトレードコットンの服を置き始めています。

この他、キリスト教系ＮＧＯによって運営されている「ティアファンド」や「トレードクラフト」はカタログによるフェアトレード商品の販売を行っていて、その発行部数も伸びています。特にティアファンドのフェアトレードカタログ『ティアクラフト』は、教会の有志を読者の中心として30年にわたって販売されており、クリスマスのギフト時期を中心に高い人気を誇っています。

2　どんな商品があるのか

食品だけを見ても取り扱いの幅は広がっています。コーヒー、紅茶、砂糖、ココア、チョコレート、バナナといった従来のフェアトレード商品に加え、現在ではナッツ類、マンゴー、ドライフルーツ、蜂蜜、ワイン、スパイスなども販売されるようになりました。

また、コーヒーや紅茶など、以前からフェアトレードの対象となっている食品も、取り扱い企業の増加と共に商品数が充実し、消費者にとって選択の幅が広がっています。

加工食品においても、フェアトレードの砂糖やチョコレートを利用したジャムやビスケット、ケーキなど種類が増えています。

食品以外では、フェアトレードコットンを使った衣料品、ジュエリー、キッチン用品、文具用品、木工品、ラグ、おもちゃなどが、フェアトレード専門店やカタログを通じて販売されています。

3　どのくらい市民の生活に浸透しているのか

北アイルランドでは、教会を中心とした福祉活動の一環として、フェアトレードが早くから広まってきました。クリスマス前になると、各教会では前出のフェアトレードカタログ『ティアクラフト』の商品を中心に品揃えしたマーケットが開催されます。そのような活動を通じてフェアトレードを知る人も多いでしょう。また、クリスマスに合せてチャリティとして商品を購入する人も少なくありません。

近年の関心の高まりを受け、学校、職場などでも、小さなフェアトレードマーケットを開催したり、フェアトレードのコーヒーや紅茶を使ったりするなど、これを支持する活動が広がっています。ベルファスト市では、2005年に市を挙げてフェアトレードを支持する宣言をし、イギリスとアイルランド共和国の両方から「フェアトレードタウン」の認定を受けました。

2006年には、市内中心部にあるクイーンズ大学でも、大学を挙げてフェアトレードを支持する宣言をしました。フェアトレード商品が大学のカフェやキオスクで購入出来るようになり、大学内で行われる重要な会議ではフェアトレードのコーヒーや紅茶が出されます。イギリスのフェアトレード・ラベル推進団体であるフェアトレード・ファンデーションからは「フェアトレード大学」の認証を受けています。

スーパーの「セインズベリー」では取り扱うバナナの全てをフェアトレードに切り替えるなど、スーパーでの取り扱いが進み、今まで関心の無かった市民もフェアトレード商品を目にし、手に取る機会が増えました。

こうして、フェアトレードは以前より身近な存在となっていますが、日常的に消費するコーヒーや紅茶、砂糖などについて、徹底してフェアトレード商品を選んでいる人はまだ多くありません。やはり生活や嗜好などに合せて選ぶという自然な感覚が一般的のようです。一方で、既存商品とフェアトレード商品との価格の違い、フェアトレード商品の品質などに疑問を抱く人も少なくありません。

しかし今後、フェアトレードに対する認識の高まりと、購入機会の増加に伴い、フェアトレード商品を日常的に購入する市民は増えていくと思われます。

4　レポーターの感想

日本に比べると、北アイルランドではフェアトレードが市民の生活にかなり浸透しています。日本では、まだフェアトレードは大学生など若い世代を中心とした一部の市民の間だけで認識されているという印象で、「フェアトレード」という言葉も知らない人が多く、認識すら薄いのではないでしょうか。しかし北アイルランドでは、フェアトレードが教会などで長年支持され扱われてきた経緯もあり、フェアトレードの知識は一般常識に等しいと言ってもよいでしょう。

また、北アイルランドのここ数年のフェアトレードへの関心の高まりには目を見張るものがあります。5年ほど前に「オックスファム・フェアトレード」で短期ボランティアをしたことがありますが、その時に比べて現在は、商品の種類、取り扱い店舗数、人々の関心も確実に拡大しました。

このように、購入場所や商品の幅の広がりと共に、フェアトレード商品が市民の生活にますます入り込んでいるという印象ですが、フェアトレードを日常生活に取り入れ、徹底して支持しているという人は、市民全体からすればまだ少数派です。

しかし、イギリスがフェアトレードに積極的に取り組んでいることから、今後北アイルランドでもフェアトレードを日常生活に取り入れる人は増えていくと感じています。

立命館大学国際関係学部卒業、イギリスのサセックス大学で農村開発学修士を取得。両大学でカカオのフェアトレードについて研究し、現在、北アイルランドでフェアトレード店の運営に携わる。

マクニーリー淳子さん

フェアトレード専門店「プエブロス」勤務

大手フリーペーパー新聞社に10年勤務後、フリーランス編集者へ。多彩なジャンルの編集経験を積む。現在は北アイルランドに在住。

益邑信子《マスムラノブコ》さん

北アイルランド在住ライター

第7章 顔の見える「買う」が世界を変える

フェアトレードは楽しい、を伝える

世界中の人たちが、疲労こんぱいしている地球に心を寄せるようになった。地球に優しい暮らしをしよう。地球が長生きするために出来ることをしてみよう。例えば、ゴミを出さない、エネルギーの無駄遣いをしない、「もったいない」スピリッツを見直す、といったエコライフを実践してみる。オーガニックな体に優しい素材で、手作りの料理を楽しむスローフードもやってみる。たまにはロハスな休日もいい。買い物をする時はその商品がエコであるか、オーガニックであるか、ナチュラルであるかがけっこう重要なポイントだ。

地球に優しい買い物をする、環境に優しい暮らしをする。そうした社会的意味を持つ行動は、私たちの間にすんなり受け入れられている。それが、かっこよくも見える。でも、そうした社会の潮流に、フェアトレードはまだ入り込んではいない。フェアトレードの商品は環境に優しいし、社会貢献度も高い。同じ社会的意味を持つ行動なのに、なぜ？

その違いは、身近に感じられるか、否かなのだろう。エコ、スローフード、ロハスは、人々の身近な暮らしの中から生まれた活動だ。体で感じることの出来る行動だから、実践すればその効果が自分の身に返ってくる。しかし、フェアトレードはもっと大きな、目に見えない「貿易の仕組み」に対して始まった活動だ。世界の経済構造や国際問題が絡み合い、日々の暮らしから遠いところで生まれた取り組みと感じられて、人々の心にはなかなかストレートに訴えかけてこない。

欧米ではフェアトレードは日常だ。植民地政策をとった歴史も、チャリティをよしとする社会も、生活も買い物も自分の判断次第というマインドも、フェアトレードを当然として受け止める土壌になっていると思う。商品が販売されている場所も日本と比べてずっと多く、品数も豊富だ。ショップに並んでいるカラフルな雑貨や食品は見ているだけでも楽しい。

しかし、ゆっくりではあるがフェアトレードの商品は日本でもかなり充実してきた。日本人の品質を見る厳しい目も手伝って、実用的でクオリティの高いモノが出ている。業界内での競争も始まり、デザインや品質も良くなっている。そろそろフェアトレードも、商品の魅力を切り口に消費者の心をつかめる段階にきていると感じる。

もちろん社会的な意味を伝えることは大切だ。でも、フェアトレードの裾野を広げるには、エコもロハスもそうであるように、楽しさや幸せ感がもっとアピールされたらいい。楽しさがあればこそ、人はそこに参加したいと思うのだから。

消費者が納得するフェアトレードに向けて

フェアトレードは消費者が選択意識を持って買い物をすることだとすれば、社会的貢献に関心の高い消費者の代表である生協がどのような考えを持っているのかが、気になるところだ。すでに、海外の生協では、フェアトレード商品が積極的に店舗で販売され、消費者にとって生活に身近なモノになっている。だが「日本では課題の多い取り組みです」と、コープ商品を開発する日本生活協同組合連合会（日本生協連）国際部の伊藤治郎さんはフェアトレードについて語る。フェアトレード商品が店頭に並べられるまでには、気の遠くなるようなプロセスをクリアしなければならないことは前にも述べた。暮らしの「安全」「安心」を考える生協にとって慎重に足を踏み込まなければならない領域なのだ。

しかし、フェアトレードこそ、「人と人との結びつきによる非営利の協同組合」を目的に掲げる生協にふさわしい商品。そして、生産者の顔と暮らしの見える国際貿易はこれからの重要課題であるという認識は、すでに生協全体に広がっている。第5章でも紹介したように、地域の生協では「出来ることから始めよう」と、様々な取り組みが始まっている。

「課題の多い取り組みではありますが、世の中や消費者の動きに合わせた活動は、日本生協連としてとても重要です。海外商品の品質管理や輸入、物流機能を担っている日本生協連の商品関連部署では、すでに海外の生協における取り組みの視察や事例の検証、モデル商品の検討を始めています」と伊藤さんは続けた。

消費者の代表である生協が本格的に日本でフェアトレード商品の取り扱いを始めた時、フェアトレードの認知度や信頼性はぐっと高まるはずだ。それはきっと、遠くない未来だろう。

フェアトレードの未来

モノを作った人にその労働に見合った対価を払う。

ごくノーマルな考えだ。フェアトレードで掲げているその約束は、取り引きの基本を表したものに過ぎない。本当なら、世の中で行われる取り引きはすべてそんな、「真っ当」な商売でなければいけないはず。しかしそうでないから、わざわざ「真っ当」を掲げたフェアトレードが現れ、皮肉なことにそれが理想だと言われる。

本来、消費者が手にする商品はどれも、作った人の心がこもったモノであったはずだ。ところが今は、モノ作りは迷路のように作業工程が分散され、誰がどこで作ったのかも分からない。世界中の輸送網が発達して、生産者と消費者を結ぶ距離や時間は短くなっているはずなのに、モノを作った人と買った人の間には、多過ぎるほどの人や企業が介入している。そして効率のよい生産、コストを抑えた生産が重視される世の中になっている。

そうして作られたモノが溢れている。そして、私たちはモノを買わずに暮らすことは難しい。でも自分が「欲しい！」と思った商品が地球環境を破壊したり、他人を犠牲にしたりしてできあがったものだと知ったら、どう感じるだろう。生産者や産地の分からない商品だったら、安心して買えるだろうか。今こそ、消費者は自分の眼で、そうした商品の本質を見極めなければならない。「真っ当」な商品なのか、そうでないのか。そう考えた時、本来あるべきモノ作りから生まれたフェアトレードがあると思う。

日本のフェアトレードは、現在進行形の取り組みだが、確実に前に向かって進んでいる。近い将来、スーパーやコンビニで、フェアトレードのコーナーが出来るかもしれない。憧れのセレクトショップにフェアトレードの服が並ぶかもしれない。今よりももっとたくさんの商品が世の中に登場しているだろう。様々な価値観を持った商品が並ぶ中で、どの商品を選ぶかは私たちの生き方次第だ。

みんなの「買う」が世界を変える。フェアトレードの時代は、私たちの共存の意志で切り拓くことができるのだ。

おわりに

「フェア買いしよう」が合言葉

今、机まわりにあるのは、ソエルさんのバッグ、ベルタさんのアルパカの小さなかたつむりのぬいぐるみ、マリオさんのカレーの壷、そしてロベルトさんのチョコレート。取材中につい、買ってしまった。

その人たちの手で作られたモノだと知ると、むげに扱えないし、何だか家族や友だちに見守られているような気がして、不思議に和んでしまう。

最初、フェアトレードについて勉強しようと思って手にした本は、難しい経済学の本だった。最初の1ページですでにノックアウト。フェアトレードとはなんて敷居が高いのだろうと思ったものだ。

ところが、実際に取材で出会ったフェアトレードの現場にいる人たちは、誠実な、思いやりのある人たちばかりだった。今の世の中を否定するような押しの強い活動家ではない。今を受け入れつつも、様々な事情からそこに入り込めない人たちが活躍出来るように「もう1つ」の道を作ってみようか、という考えをする人たちだ。

目指すところは理想かもしれない。そして現場は、気の遠くなるような地道なことの繰り返しだ。でも、何年かかっても、どんなに苦労しても、生産者たちの表情が少しずつ明るく、前向きになってくるのを見た途端に、やってきて良かったと思うのよ、と目を輝かせる。生まれた場所や環境が違うだけの同じ地球の仲間なんだから、お互いに出来ることをして助け合って当り前。その思いを日本のもっとたくさんの人たちに伝えたい、とそれぞれが語る。

今の効率性を重視した貿易の仕組みに対する「もう1つ」の貿易のカタチとして生まれたフェアトレードだけれど、現場には、そんな堅苦しくて難しそうな話よりも、人と人とのつながりや思いやり、そして信頼が成り立っていた。そこには本来あるべきモノ作りの原点があり、取り引きの場には商売の原点があると感じた。

私たちが世界とつながっているなんて、なかなか実感がわかないものだ。でもフェアトレードなら、海の向こうにいる作り手たちと彼らが作ったモノを通してつながることが出来る。そして1人1人がフェアトレードという社会的な意味のある買い物をすれば、それらが積み重なって大きな流れとなる。その流れが企業を動かし、貿易の仕組みを変え、国の政策だって変えるかもしれない。自分は非力だと思っていても、ほんの一歩踏み出すことが世界を変える力にもなりうるのだ。

お金さえあれば欲しいモノが手に入る時代。でも、人のつながりや信頼はお金を出しても手にすることは出来ない。だからこそ価値があるのだと思う。

私たちの暮らしに欠かせない買い物。なら、その買い物を価値のあるものにしてみたい。

買う自分も、作った人も、そこに関わった人も皆がハッピーになる。

そんなハッピーな輪がフェアトレードで、もっと広がりますように。

<Special Thanks・本に協力してくださった方々>

菅沼珠世さん
落合裕梨さん
山口絵理子さん
熊谷明夏さん
中島佳織さん
アンダーソン優子さん
北澤肯さん
星野智子さん
秋庭智也さん
吉澤真満子さん
髙井藍子さん
小川琢弘さん
上田誠さん
近藤康男さん
柳沢有紀夫さん
藤井晴夫さん
猪野鐘久さん
高橋沙織さん
伊藤治郎さん
大津荘一さん
植田貴子さん
積奈津子さん
鈴木隆二さん
藤岡亜美さん
住田綾さん
みやぎ生活協同組合
　国際協力委員会の皆さん
ブラッド・ヒルさん
アイザックさん
あおきるりさん
益邑信子さん
マクニーリー淳子さん
土屋春代さん
丑久保完二さん
竹広隆一さん
ピースウィンズ・ジャパンさん
奥村亜紀さん
中込愛美さん
社会貢献マガジン・
　パワーボールさん
藤瀬典夫さん
藤澤久美子さん
黒石川由美さん
タッチョモの皆さん
森直子さん
その他のたくさんの方たち

※順不同

<参考文献>

『フェアトレード@Life』　藤原千尋著　春秋社
『モノ物語』　第3世界ショップ　（株）プレス・オールタナティブ社
『季刊at 8号』　オルター・トレード・ジャパン／at編集室　太田出版
『おかいもの　ちょっと考えてみて　フェア・トレードの絵本』
作／ジェローム・ミニー　絵／葉 祥明／ナンバン・プロジェクトの子どもたち
グローバル・ヴィレッジ／フェアトレードカンパニー株式会社
『フェア・トレード一未来を紡ぐ人びと一』　サフィア・ミニー
グローバル・ヴィレッジ／フェアトレードカンパニー株式会社
『コーヒー危機　作られる貧困』　オックスファム・インターナショナル著　筑波書房
『シャプラニールのフェアトレード』　シャプラニール＝市民による海外協力の会
『暮らしをよくする手工芸品』　シャプラニール＝市民による海外協力の会
『フェアトレードの冒険　草の根グローバリズムが世界を変える』
ニコ・ローツェン＆フランツ・ヴァン・デル・ホフ著　日経BP社
『裸でも生きる』　山口絵理子著　講談社
『BUSINESS AS UNUSUAL ザ・ボディショップの、みんなが幸せになるビジネス。』　アニータ・ロディック著
トランスワールドジャパン株式会社
『NPO全日本健康自然食品協会会報』連載フェアトレード／拓殖大学国際学部教授 長坂寿久著
その他、資料、ホームページなど

【著者略歴】

長尾弥生（ながお・やよい）

中学時代をフランスで過ごし、上智大学卒業後、化粧品メーカーで営業、広報を担当。退職後、1998年から7年間インドネシア・バリ島に暮らす。バリ島在住時より、JAL機内誌『スカイワード』や『婦人公論』『ダカーポ』『マキア』など、各誌にバリ島の文化・生活・観光について執筆。著書に『バリ島小さな村物語』（JTBパブリッシング）、共著に『極楽アジアの暮らし方　マレーシア／インドネシア・バリ篇』（山と渓谷社）など。帰国後は国際協力NGOに勤務しながら、フリーライターとして社会貢献マガジン『パワーボール』などに連載。趣味は旅と琴＆三味線教室牡丹会の仲間と「チーム牡丹」を結成し、邦楽の普及と国際交流を目指す。

みんなの「買う」が世界を変える

フェアトレードの時代 ― 顔と暮らしの見えるこれからの国際貿易を目指して

発行日　2008年4月25日　初版1刷
　　　　2016年6月9日　　6刷

検印廃止

著者　長尾弥生

海外取材　海外書き人クラブ

編集・企画　松井紀美子（マイティブック）

発行者　和田寿昭

発行元　日本生活協同組合連合会
　　　　〒151-8913　東京都渋谷区渋谷3-29-8　コーププラザ
　　　　TEL. 03（5778）8183

発売元　コープ出版（株）
　　　　〒151-8913　東京都渋谷区渋谷3-29-8　コーププラザ
　　　　TEL. 03（5778）8050
　　　　www.coop-book.jp

制作　スタジオB4

印刷　日経印刷

Printed in Japan

ISBN 978-4-87332-267-4